秋辺日出男●阿部ユポ●貝澤耕一●門脇こずえ
川村兼一●竹内美由起●野本久栄●結城幸司 著
アイヌ民族に関する人権教育の会 監修

イランカラプテ

アイヌ民族を知っていますか?

先住権・文化継承・差別の問題

明石書店

はじめに

アイヌ民族は、北海道・サハリン島南部・千島列島（アイヌモシㇼ）という広範囲に居住していた先住民族です。ところが、そのことを理解させる、「アイヌ民族の学習」がなかなか行われない現状があります。これはいったい何によるのでしょうか。

北海道以外の学校では「アイヌ民族の学習が必要ない」ということでしょうか。いや、北海道でも、教科書にあまり取り上げられていないことから、ひたすら「学力」テストの点数「向上」にばかり目がいっていて、優先順位が高い学習とは言えません。

しかし、何よりも、日本とロシアという国家が、それまで独自の居住圏だったアイヌモシㇼを奪い、そこに住むアイヌの人たちを自分の国民にしたこと、日本に住むアイヌの人たちが民族の復権を求めていることを、日本の国民として知ることは当然のことと言えます。

１８７２年の「学制の発布」以来、教育は、時の政府の意向で絶えず揺れ動いています。しかし、それは一時期、日本中の教育現場を熱病のように覆っても、二十年後、三十年後には収まってきました。それは教育本来の営みからあまりにかけ離れた、子どもたちから「つながり」「基礎にある学び」「学びの楽しさ」「個（人格）の完成という目標」を奪うモノと化したとき、本来の形に戻そうという力が働いたのです。しかし、その中で日本の近代の植民地政策によって、人権を奪われた人たちがいて、それを教育の場で考えなければならないということは、時代を超えた普遍的な問題なのです。

一方、北海道外の人たちから「アイヌの子どもは今どうしているのか」と聞かれることがあります。当事者は今どうしているかという疑問は当然起こるものであります。

実際には、1万7000人（アイヌ民族の人口とされる）よりもずっと多くの「アイヌ民族につながることを口にできない」人がいるに違いありません。そのため、多くのアイヌの子どもが今どうしているか、学校現場ではわからないし、それを無理に知ろうとすることは個人の人権問題にもなります。

つまり、問題なのは、今の日本の社会で、アイヌの子どもがアイヌ民族を名乗ることは簡単なことではないということです。アイヌ民族にルーツを持つ子どもが、将来、アイヌ民族を選択するか否かは、本来的にはその子どもの自由選択によるものです。ところが、単一民族、単一言語、単一文化を前提とした社会、そして日本の教育。このことによってつくり出された民族差別。そういう厚い壁がある中で、フラットな気持ちでアイヌ民族を選択することに、思いを馳せなければなりません。

今や、日本国民は単一民族ではないことが明々白々になっています。和人は日本国民の中で、最も構成人数の多い集団に過ぎません。そういう中で、アイヌ民族にルーツを持つ人たちが自らを否定することなく、アイヌ民族を選択できるように、社会を変えていかなければならないのです。

繰り返しますが、北海道・サハリン南部・千島列島は、近代以前はアイヌの大地でした。それを１８５４年（旧暦）の日露通好条約以来、日本とロシアが勢力争いを続け、アイヌモシㇼを分割していったのです。

ネイティブ・アメリカンのいるアメリカ大陸、アボリジニーのいるオーストラリア、マオリのいるニュージーランド、イヌイットのいるアラスカ、そこに武力と経済による「文明」を武器としたヨーロッパ人がどっとなだれ込み、我が物顔で居住して、先住民族の大地と資源を略奪しました。先住者は住む地を奪われ、抵抗しつつも、苦しい生活に追い込まれていきました。

日本とロシアがアイヌ民族に行った行為も、これと同質のものです。まさに「侵略」以外の何物でもありません。しかし、そのことが日本国民に伝わっていないということに問題があります。

１９８０年代に国連で「先住権」という考え方が生まれました。アイヌ民族の権利にも当てはまる「先住権」とは何でしょうか。

①先住民族の土地や資源、領域の権利
②昔から守ってきた文化を守り、発展させる権利
③自決の権利に基づき、自らの政治的地位を自由に決める権利

ところが、１９８６年の中曽根首相の単一民族発言をはじめ、日本はアイヌ民族を先住民族と

して認めてきませんでした。

1997年に、②のみがやっと認められ、アイヌ文化振興法が成立しました。2007年、国連総会で「先住民族の権利に関する国連宣言」が決議され、2008年には日本においても「アイヌ民族を先住民族とすることを求める国会決議」が衆参両議院において全会一致で採択されました。

しかし、それに基づいてつくられた、政府の「アイヌ政策のあり方に関する有識者懇談会」は、日本がアイヌの大地を奪った史実を覆い隠して、土地・資源・領域の権利に抵触しないようにし、単に明治政府がアイヌ民族の文化に「深刻な打撃を与えた」という指摘に留めました。日本政府の「御用」懇談会と言われてもしかたありません。しかし、現在の日本のアイヌ「政策」も、社会科教科書も、この「有識者」懇の報告に基づいて行われているわけです。


アイヌにつながる人たちがアイヌ民族を選択できる社会、先住民族の権利が認められる社会。北海道の歴史が「開拓」によって始まったという誤った歴史認識。これらを乗り越えるキーワードは、はっきりしています。教育にあります。

それについて、アイヌの人たち自身はどう考えているのか。アイヌ民族の当事者から聞いて、日本国民として教育は何を考えなければならないのか、行動しなければならないのか。本書は、アイヌ民族の各地域の人々に、「教育に求められるもの」について講演していただいたことをまとめたものです。さまざまな民族で構成される私たち・日本国民は、ここから何を汲み取るか、読後にぜひ振り返っていただければと思います。

平山　裕人

イランカラプテ　アイヌ民族を知っていますか？《もくじ》

はじめに　3

1 アイヌ民族にかかわる先住権と教育について……阿部《あべ》ユポ　13

はじめに／先住民族の権利宣言／「先住民族」とは何か／国連人権委員会先住民作業部会／「アイヌ」とは何か／先住民族運動／二風谷ダム裁判／日本政府の対応／アイヌ民族を先住民族として求める決議と有識者会議／教職員に望むこと／「アイヌ民族に何をしてきたのか」～正しい歴史観を／おわりに

2 北海道の教職員に望むこと……貝澤耕一《かいざわこういち》　43

はじめに／真実を伝えてほしい／二風谷ダム裁判を起こしたわけ／二風谷ダム裁判で主張したこと～「アイヌを先住民族として認めなさい」／二風谷ダム裁判判決～文化享有権の尊重／判決の後／みんな違うということ

／北海道の教職員に望むこと／〈質疑応答〉

3 アイヌ民族として学校教育に期待すること
〜末広小学校での実践を通して〜……野本久栄《のもとひさえ》 63

はじめに／千歳市立末広小学校での取り組み／アイヌ文化を体感させること／命の大切さ／アイヌ民族差別に抗して／学校教育に期待すること／カントオㇿワヤクサㇰノ　アランケㇷ゚　シネㇷ゚カ　イサム／アイヌ文化は生活文化／おわりに

4 アイヌ文化について……川村兼一《かわむらけんいち》 79

はじめに／間違いだらけの北海道の地名の話／アイヌの土地の話／川の話／山の話／コタンの話／松前藩ができる前のアイヌの一日の話／漁猟の話／ユカㇻの話／明らかになってきたアイヌの真実／アテルイとモレの顕彰碑の話／旧土人保護法の話／先住民族としての権利の話／おわりに

5 アイヌ民族の今……結城幸司《ゆうきこうじ》 107
はじめに／「イランカラプテ」の大事な意味／文字を持たないということ／アイヌという言葉／幼少の頃／父結城庄司のこと／神奈川の頃／アイヌに反発していった頃／鑑別所でのこと／父の死のこと／『アイヌ宣言』との出会い／北海道に戻って／旧土人保護法がもたらしたもの／「アイヌ」を名乗らない世代／環境を語る世の中に／ネット社会の暴力／おわりに～若い世代へ

6 今こそ、「アイヌ民族の学習」をすすめよう……秋辺日出男《あきべひでお》 131
はじめに／北海道の歴史を正しく認識することは、道産子の権利である／道産子としての民族意識を持って語ろう／アイヌがアイヌとして生きることのできる、お互いが認め合う社会／アイヌと連携して、地域に根差した歴史教育を／阿寒湖「イオマンテの火祭り」の成功／郷土芸能イベントの北海道開催／アイヌと共に

「アイヌ学習」を／先住民族の権利としての集団的権利の問題／おわりにかえて～アイヌからのメッセージ

7 アイヌとして生きて、アイヌ文化を伝承すること……門脇《かどわき》こずえ 159

はじめに／アイヌ文化の後継者／母の想い／アイヌ文化伝承活動／現存するアイヌ民族に対する差別／文化伝承の今後

8 私の歩んできた道 ～ひとりのアイヌ女性として～……竹内美由起《たけうちみゆき》 173

自己紹介／楽しかったウポポ会でのこと／家族のこと／生活の中に生きていたアイヌ文化／「アイヌ」という差別を受けた小・中学生時代／会社での差別／アイヌの踊りを残すために

《解説》アイヌ民族の学習の歴史と今

一　アイヌ民族自身が語る　187
二　アイヌ民族学習の歴史　188
1　アイヌ民族の学習の始まり　192
2　正しいアイヌ民族の学習とは何か
3　先住民族としての歩み
4　アイヌ民族の学習の現状と課題
三　アイヌ民族に関する学習の実際　201
1　アイヌ学習の第一歩〜アイヌ語地名を調べよう〜
2　アイヌ文化を学ぶ視点
3　アイヌの歴史の学習
4　アイヌ民族への差別について考える

1

アイヌ民族にかかわる先住権と教育について

〔2010年4月23日　札幌での講演〕

阿《あ》部《べ》　ユ　ポ

【プロフィール】

◇北海道アイヌ協会副理事長
◇北海道大学アイヌ・先住民研究センター運営委員
◇国連先住民族部会や人種差別撤廃委員会などで国際的活動を続けている。

はじめに

みなさん、こんにちは。

先ほどご紹介いただきました北海道アイヌ協会の阿部と申します。平山（裕人）先生からもご紹介がありましたように、当時ウタリ協会と名乗っていたころ、一昨年（2008年）亡くなりました野村（義一）元理事長たちが、北教組の連続講座で何度かお話をさせていただいたことが以前ございました。最近はあまりないもので、さびしく思っていたところ、お声がかかりまして、非常に気持ちが高ぶっております。

私もいろいろな友だちがいて、ある友だちがこの間、『非国民がやってきた』（前田朗、耕文社、2009年）という本を送ってきました。この人は札幌出身の東京の大学の先生で、人種差別撤廃委員会というのが日本政府（の人種差別撤廃条約の実施状況）を審査する会議がスイスのジュネーブで2月に開かれまして、そこでお会いしまして、いろいろお話をしていたら、先週こんな本を3冊送ってきました。

面白いことがいっぱい書かれています。最初の方に、「今はビラ配りをすると逮捕される。戦争反対とかそういうものを東京で郵便ポストに入れたら逮捕される。あるいはその辺でリュックサックを背負ったり、大きな荷物を持って歩いていると、警察官に呼びとめられてしつこく聞かれるけど、某政党を支える宗教団体のビラをまいたり、ピザの配達のビラをまいても捕まらない。そういう社会である」と書いてあります。監視型社会ですね。

　昨年（２００９年）民主党が選挙で勝って、総理大臣が民主党になったから、ガラッと変わるのかなと思いましたけれど、大臣だけ変わってさっぱり国家というのは変わらない。監視型社会で今やどこにでもＴＶカメラが付いています。高速道路を走っていても、カメラがいっぱい付いていて、車がスピード違反しているわけではないけど、中に乗っている人まできれいに写って、わかる状況であります。どこまでこのように国民を管理するのか、本当に国家とは恐ろしいものであることがよく書かれています。

　また、国民の定義というのは今の憲法には何も書かれていないが、国家は明治時代に大日本帝国憲法をつくり、「天皇の臣民であれば国民だ」みたいな感じで、そのような動きが今も続いている。要するに、「国民」だったら問題はないが、ちょっと「非国民」になっちゃうとものすごいバッシングがあるから、日本の国全体に「自分は非国民になりたくない。国民でいたい」という雰囲気が醸し出される。恐ろしい世の中になったものだ、とも書いてあります。

先住民族の権利宣言

　私たちは、30年にわたって、スイスのジュネーブで「先住民族を認めろ」と運動してまいりましたが、その結果２００６年６月29日の人権理事会で「先住民族の権利宣言」というものが採択されました。その経緯をこれからお話しします。

私たちは１９８７年から、スイスのジュネーブに、北海道ウタリ協会として代表を派遣し、世界の先住民族とともに、先住民族の権利回復のためにたたかってまいりました。その結果、１９９３年に国際先住民年というのがありまして、その時に国連の人権委員会で「先住民族の権利宣言」というものを確定することができたわけです。

前文には「どうしてこの法律をつくるのか」「こういう宣言をする」といった説明が19段落ありまして、そして本文が45条にわたってまとめてあります。ところがこれを快く思わない国がありました。アメリカやイギリスです。もちろん大国のロシアも賛成していませんでした。そういうところが、「人権委員会で勝手に決めても駄目だ、もう少し検討しろ」「１９９４年から先住民の国際10年というのが始まるので、この10年の間に『先住民族の権利宣言』をもう一度国家も先住民も集まってしっかり検討したらどうだ」ということになりました。

１９９５年からスイスのジュネーブの人権委員会に、差別防止少数者保護小委員会、略称「人権小委員会」の中にＷＧＩＰ（Working Group on Indigenous Populations）という「先住民作業部会」というのをつくりまして、さらにその中に「宣言案会合（ＷＧＤＤ）」をつくりまして、そこで45条の「先住民族の権利宣言」を検討することになりました。

私は96年からそこに参加しましたが、最初はものすごく難しくて何言っているか全然わかりませんでした。15年経って、今は少し言っていることがわかってきましたが、当時は言葉が難しいのと初めて聞くことばかりで大変驚きました。また、そうした作業をやっていたということすらも、実は知りませんでした。

当時のウタリ協会は１９８７年から代表を送っていましたが、約10年間、財政状況や支援団体の問題、通訳の問題などから、毎年参加できなかったわけです。また、会議には出ていましたが、そこで話されていることを日本国内で発表することができなかった。だから、私も何のことやら、よくわからなかった。

「先住民族」とは何か

私が国連に参加して驚いたことは、「先住民族」という言葉でありました。「先住民族とは何だろう」と。それで、日本に帰ってきて一番先にやったことは、アイヌの歴史の勉強でした。私は高校しか出ておりませんが、中学校、高校でも、日本史や世界史で「先住民族」なんて言葉は聞いたこともないし、教えられたこともないわけであります。

「先住民族って何ですか」と支援団体のＮＧＯの人に聞きました。そうしたら、「例えばこれは、ＩＬＯの１６９号条約というのがある」と話すわけです。このＩＬＯの１６９号条約というのは、日本の国は批准しておりません。世界でもまだ、30に満たないぐらいの国しか批准していないものですが、「先住民条約」「種族民条約」といわれていて、国連の機関の中でＩＬＯというのは、非常に早い時期から「先住民族問題」を取り上げていたわけです。

どうしてこれが大事なのかといいますと、「先住民条約だから、いわゆるこの中に、当然第一条第一項に、先住民族とは誰かと書いてある。これが大事である」と。169号条約には「この条約は次の者に適用する」として、「独立国における種族民で、その社会的、文化的及び経済的状態によりその国の共同社会の他の部類の者と区別され、かつ、その地位が、自己の慣習若しくは伝統、または特別の法律もしくは規則によって全部又は一部規制されているもの」「独立国における民族であって、征服もしくは植民地か、または現在の国境の確定の時にその国または国が属する地域に居住していた住民の子孫であるために、原住民とみなされ、かつ、法律上の地位の如何を問わず、自己の社会的、経済的、文化的及び政治的制度の一部又は全部を保持しているもの」と書いてある。こんなの、私は初めて見ました。

そしてもうひとつ先住民族の定義がありまして、実は、1970年代の後半から国連の人権委員会で先住民族のことを訴えてくる人たちが多くなっていました。アメリカのインディアンは、(第一次世界大戦後の) 国際連盟の時代から、「私たちの住んでいたあのアメリカ大陸は、もともとは私たちの土地だった」と国際連盟に訴えていた。「コロンブスがインドに着いたと思って、勝手に、ここは『西インド諸島』、そこに住んでいる人は『インディアン』としたが、私たちはインディアンじゃない。白人がアメリカ大陸の東海岸にきてから、条約や協定などいろいろな取り決めを結んで、『ちょっと貸してください』と、そう言ってきた」と言うわけです。それがだんだん西の方へ西の方へ行って、いわゆる西部劇みたいな問題が起こった。「そうした経緯なのに、この数百年の間、アメリカ合衆国あるいはカナダは、全然約束を守らない」と言って、実際に白人がインディアンと結んだ取り決めや協定をもって訴えたが、第二次世界大戦前の国際連盟ですから、あまり取り上げてもらえませんでした。

しかし、（第二次世界大戦後に）新しくできた国際連合は、以前の国際連盟とは全然違ったわけです。何が違うかというと、それは当然国連憲章をつくって、「世界人権宣言」を大事にしたことであります。人権というものが一番大事だとして、そこに人権委員会ができました。国家と国家の集まりが国際連盟だったとすれば、今度の国際連合は違うということが改めて確認されたわけです。そうするとアメリカ、カナダのインディアンは、「私たちはインディアンでも何でもない」「アメリカでもない」と、こういうことを訴えたわけであります。もともとそこに住んでいたネイティブ、いや、もともとそこにある「ファーストネイションだ」ということを訴えた。そうすると、人権委員会としても放っておけなくなって、70年代に「先住民族とは何か、調べなければならない」となって、特別報告者ホセ・マルチネス・コーボというエクアドルの人権専門家に調査をお願いしたわけです。

ホセ・マルチネス・コーボは、世界中の「先住民族だ」と言っている人たちのことを調べました。そして、1985年までに「先住民族というのはこういう人たちだ」という報告を出しました。そのコーボ報告書は、「先住民族とは、当該地域で生成した被侵略及び被植民地化以前からも、社会との歴史的連続性を有し、自らを、現在当該地域で支配的な他の社会構成員とは異なるとみなしている人々をいう」としています。ＩＬＯの条項と同じようなことが書かれていますね。このことが国連の人権委員会で取り上げられるようになったわけです。

国連人権委員会先住民作業部会

それから、先ほど言ったＷＧＩＰ（先住民作業部会）というものが国連の人権委員会の中につくられていった。その中で、「先住民族とはどういう人なの」「彼らにどんな問題、課題があるの」といったことを検討しようじゃないかということになった。

ＷＧＩＰ（先住民作業部会）を始めていく中で、ギリシャの女性裁判官が議長になりまして、「先住民の問題を検討するのに、先住民がいないはおかしい」と言いまして、人権小委員会はそもそもわずか５人しかいない小委員会ですけど、国家の代表と先住民族も入れましょうということになりました。

私が参加した１９９６年の夏の作業部会では１０００人ぐらいいました。びっくりしました。先住民族の人々のスタイルというと、それぞれの民族衣装を着て参加するわけで、本とかテレビとか映画でしか見たことのないような人たちが、いろいろな肌の色をした、いろいろな目の色をした、いろいろな髪の色をした人たちがいて、本当にびっくりしました。

そして、議論の中では「どうぞみなさん、言いたいことを何でも言ってください」と……すごいですね。もちろん英語を話せない人にはNGOのメンバーがしっかりサポートしていて、現地の言語で話すとそれを英語に訳してくれるわけです。

この先住民作業部会で話されたことは何かといいますと、全部共通していましたが、「私たちはもう近代国民国家をつくった時に、いわゆる白人が来て、そして侵略をされて、土地を取り上げられて、文化を禁止されて……」ということでした。びっくりしましたね。世界の先住民族はみんな同じことを言っている。私は、「自分はアイヌである」ことはわかっていましたが、国連に来るまではこういったことは知らなかった。

「アイヌ」とは何か

日本に帰ってきて、「先住民族とは何か」から始まって、「アイヌとは何か」ということを調べ、勉強しなければなりませんでした。私は、勉強も読書も書くことも好きじゃないけれど、その国連の会議に参加して、何かこう、体の中にあるものがふつふつと湧いてきて、「がんばらなくてはいかん」となりました。

ちょうどそのころ『アイヌの学校』(1)という本が復刻出版されていました。私たちは、その本の中に書かれている差別的な表現にもう何と言っていいかわからない、悔しい思いをしました。たとえば、アイヌの赤ちゃんが誕生する場面があって、「アイヌの赤ちゃんは毛むくじゃらで、目は窪んでサルのようで……」と書いてあって、本当に腹が立ってしかたがなかった。

それで私は、アイヌの運動に入っていった。当時のウタリ協会です。そうした経緯があって、「これはもうしっかりしなくてはいかん」と思っていた時に国連に行った。それで、国連に行ったらこんな話でしょう。

そうしたらやっぱり、「アイヌとは何」というところから勉強しなくてはならない。でも、いろいろ応援して下さる先生方いるんですよ、平山先生とかね。あるいは石黒（文紀）先生とか。そういうすごい人たちがちゃんとアイヌに関する本を出版してくれていまして、そういった本を一生懸命読みました。そうすると、今まで聞いたこともない、40歳までまともに勉強もしたことのない私が恥ずかしくなるぐらい、歴史というものが隠されている。あるいは教えないといいますか、アイヌにすら教えないんですよ、一般の人に教えないのは当たり前かなとも思いましたけどね。

今から140年前、この北海道は何だったのかを、私は知らなかった。知らない方が悪いのかもしれませんが、単にここはずっと北海道だと思っていた。明治2（1869）年になって北海道となったことを、その時改めて認識した。なんという情けないこと。

ではその前に、江戸時代まではこの北海道は何と呼ばれていたかというと「蝦夷地」だった。「蝦夷地」に日本人は住んでいたのかというと、函館から松前、江差にかけて、明治維新の近くになるまでは現在の八雲か長万部辺りまで、少しずつ日本人の定住者が増えてきた。しかし、正式にはこの広い、広い北海道、あるいは千島、樺太を含めると、日本の4分の1、25パーセントもあるそうですが、それまでは日本人の定住者はいないことがわかってきました。この日本人の定住者がいなかったというのは、松前藩の政策であり、あるいは江戸幕府の政策だったということがわかりました。

そんなことを調べていくうちに、「これっておかしいよな」と思いましたね。先生方は、「もう少し勉強しなさい」と言って、「蝦夷地はもともと本州とは地形も気候も植生も全然違う」ということを教えてくれました。「どうしてですか」と訊くと、「ブラキストン(2)という学者が言うことには、津軽海峡をはさんで本州と北海道では全然違う」という話をするわけです。それどころか、「もっと違うのは、日本の歴史は縄文時代、弥生時代、古墳時代、奈良時代、平安時代……ときているが、それが北海道にはない」と言うんですね。そして、縄文時代に北の北海道から南の沖縄まで住んでいたのは、縄文人であると。では日本人とはどこから来たのかというと、札幌医科大学の埴原《はにわら》和郎先生は講演で、「弥生時代に大陸から渡ってきた渡来人が日本列島にもともと住んでいた縄文人と結婚してできたのが日本人の起源である」と言っていました。ですから日本人であれば、必ず縄文人のDNAを持っている。北のアイヌ民族と南の沖縄・琉球民族は、も

（1）長見義三『アイヌの学校』大観堂1942年、恒文社1993年復刊

（2）イギリスの博物学者（1832〜1891年）。1861年に箱館（現・函館）に来着。1884年に離日。彼の提唱した生物分布境界線をブラキストン線という。

ともとの縄文人がそのまま残っているという。血液とかＤＮＡとかを調べるとそうなるらしいです。だからよく、大陸から渡ってきた人たちが日本列島の縄文人を北と南に押しやったと言いますが、そうではありません。

文化の話になると、北海道は縄文時代が続くんですね。その後、続縄文時代が続きます。その後は擦文《さつもん》文化といって刷毛ですっと擦ったような模様がついた擦文式土器が出てきていますが、擦文時代になるわけです。その時期に、今の稚内のオホーツク海岸から千島にかけてオホーツク文化というのが栄えました。

12、3世紀からは、現在いわれているところのアイヌ文化というものが、この北海道と樺太、千島に出てくるわけであります。それがずっと江戸時代末期、明治維新まで続いたというのが歴史学者の話であります。私は、そんなことは実は知りませんでした。多分、今でもちゃんと教えていないのではないかと思いますけどね。

先住民族運動

私たちは先住民族運動の中で、１９８４年に日本政府に対して、先住民族として認めるようにと6項目にわたって要望してきました。その時日本政府は、先住民とか先住民族といった言葉は使っていましたが、「権利のつく話はやめてくれ」と。

ところが１９８６年に大きな出来事がありました。いわゆるＩＬＯの１６９号条約です。これは先住民条約であった１０７号条約を改正したものですが、１０７号条約はそこの国家に同化した方が幸せになるという考え方にもとづくものでした。ところが「それはおかしい」と、先ほどインディアンの話もしましたが、そういった運動がどんどん、どんどん広がり、１９８６年に１６９号条約をつくろうという動きになったわけです。

それで、「アイヌ民族」がいるということで、日本政府に対してもＩＬＯから、「日本に先住民族はいるか」から始まり、教育問題、雇用問題、住宅問題、健康問題、年金問題など、当時の労働省に約90項目にわたって質問がきました。当時労働省は、このＩＬＯからの質問を放っておいたわけです。１９８６年の5月の話です。

それが9月ごろ、ＮＧＯのメンバーがＩＬＯから労働省に質問が来ていることを聞きつけて、日本政府が何もしていないことを北海道の当時のウタリ協会に訴えたわけです。ウタリ協会は労働省に「とんでもないことだ」と訴えました。労働省は10月に、ウタリ協会に対してＩＬＯの質問状を送ってきました。ウタリ協会は大至急その回答をまとめて、労働省に戻しました。しかし、労働省はあろうことか、それをまたＩＬＯに出さなかったわけです。

翌年１９８７年に、当時の理事長だった野村義一が「ＩＬＯに行こう」と言った。そうして、ＮＧＯの協力で国連に行って、ＩＬＯの総会の場で「日本政府がこんなことやっている」と訴えたわけです。そうすると、国内的にも「問題である」となり、先住民族の運動が盛り上がりを見せると同時に、世界の先住民族と連帯することができるようになりました。

そうした中で、私はＷＧＩＰ、そして１９９６年11月の第2回目の権利宣言の作業部会にも参加しました。

スイスの首都はベルンで、そこにはもちろん日本の大使館がありますが、ジュネーブには国連の欧州本部があって、ジュネーブにも国連に対応するための日本政府代表部というのがある。そこに特命全権大使というのがいて国連に対応していますが、そこの和田一等書記官がその会合に出ていまして、「この作業部会の中で先住民の定義がないと言っているが、いい定義があるじゃないですか。国連の人権委員会で１９８５年に出されたホセ・マルチネス・コーボの報告書があるじゃないですか。それを使ってはどうですか」と発言しました。

びっくりしましたね。それがいわゆるＩＬＯの１６９号条約第一条第一項となっていくんです。私はこの人とお会いしましたが、この人は法務省から出向している現職の検事さんでした。

二風谷ダム裁判

これがひとつのきっかけとなって、ある出来事に大きな影響を与えました。それはみなさんもよくご存知だと思いますが、あの平取《ひらとり》、沙流《さる》川の「二風谷《にぶたに》ダム裁判(3)」です。亡くなりましたが貝澤正さんと萱野茂さん、そして貝澤正さんのご子息である貝澤耕一さんが起こした裁判です。

「アイヌ民族の聖地にダムを作るな」という裁判です。

「二風谷ダム裁判」判決の前年の11月、日本政府は権利宣言作業部会で、先ほど言いました「先住民族の定義」について重要な発言をしています。そこに行っていたのが小樽商科大学の相内俊一教授でした。この方は権利宣言作業部会の担当で、私も10年間ご一緒させてもらいましたが、この方が裁判所に出廷しまして、「私は、ジュネーブの人権委員会から帰ってきました。そこで非常に大きな出来事があったので報告します。日本政府は先住民族の定義がないといっているが、今回の人権委員会でこのような発言があった」と言って和田一等書記官の発言を紹介しました。裁判官はびっくりしたと思いますよ。なにせそれまでは、裁判でも「アイヌは先住民族かどうかわからない」と言っていましたから。1997年の3月27日です。忘れもしません。

札幌地方裁判所で判決がありました。このダムは「違法だ」と。しかし、事情判決といって「作ってしまったものを壊すとお金がかかる」として、「壊さなくてもいい」となりました。その中で裁判長は重大なこと言いました。「アイヌ民族はわが国の統治が及ぶ前から、この北海道に住んでいて、大多数の人たちに支配されているけれども、今でもアイヌ語やアイヌ文化にアイデンティティを持っている。これが将来もなくなるとは思えない。そして歴史的なことも考え

（3）二風谷ダム建設のため1987年に開発局が貝澤正・萱野茂氏の土地の強制収用を申請。収用委員会の強制収用を認める裁決に92年貝澤正・萱野茂氏が建設省に裁決取り消しを求め不服審査を請求。93年、建設省は不服審査請求を退けたため、萱野茂・貝澤耕一氏が収用委員会を相手取り行政訴訟を起こした。

てみると、アイヌ民族はわが国の先住民族と言うべきである」という画期的な判決が出ました。
相内先生と和田さんの功績はすごいと思っています。

日本政府の対応

日本政府というのはものすごく外面がいい。日本政府は、国際社会では世界の先住民族を認め、先住民基金といって国連に先住民族のための基金まで出している。それなのに、国内ではアイヌ民族が先住民族かどうかわからないと言う。あの国連決議があっても言っている。それに対して鳩山さんは、２００７年10月３日の国会代表質問で「日本政府は国際社会で二枚舌を使っている」と言いました。(4) すごいですね。こういう大変な出来事があったわけです。それからは私も、国連に行かなければだめだと思って、通算15年間、休まず行っています。

そしてもうひとつ、人種差別撤廃条約というのがありますが、日本が批准したのは１９９５年であります。そして発効したのが96年。(5) 日本は先住民族であるアイヌがいるから批准したわけです。ただしこの人種差別というのは、この定義からいきますと別に先住民族の問題だけではないわけです。例えば日本でいうと、部落差別、あるいは在日朝鮮人とか、あるいは女性、しょうがいのある方々とか。いろいろな人のために人種差別撤廃条約というのがあるわけです。これを2年に1回報告書を出しなさいというわけです。そうすると発効が１９９６年ですから、日本政府は98年、2000年と報告書を出さないといけない。それを日本政府は2000年に2回分をまとめて出しました。

2001年に審査会がありましたが、そこに私も行きました。日本政府の審査ですから日本語で入ってくる。前回、人種差別撤廃条約の勧告が出された。勧告というのは、人種差別撤廃委員会というのがあって、委員が世界に18人いますが、そこで、その条約がきちんと守られているかどうか、国からの報告を受けて審査し、その委員から、審査が終わった段階で出されるものです。2000年にどんな勧告が出されたかというと、全部で25の勧告が出ましたが、その17番目がアイヌ民族に対する勧告でした。「ILO169号条約を批准しなさい。もし何らかの事情で批准できないのであれば、これを指針として用いなさい」というものでした。

もうひとつは2001年ですが、「先住民の権利に関する一般的勧告23」（第51会期）というもので、「先住民の共有地、地域及び資源を所有し、開発し、管理し、及び使用する先住民の権利を承認し、及び保護すること。先住民が伝統的に所有してきた土地、領域・資源が奪われ、または当該土地、領域・資源が先住民の自由なかつ十分に説明を受けてなされる同意なしに、他の者に居住され、もしくは使用されている場合には当該土地、領域・資源を返還するための措置をす

（4）鳩山由紀夫民主党幹事長が衆議院本会議の代表質問で、自民党の福田総理に対してアイヌ民族の先住権と国連宣言との整合性を問い質した際、「国内と国外で対応を使い分けるなどという二枚舌はやめようじゃありませんか」と発言。
（5）正式名「あらゆる形態の人種差別の撤廃に関する国際条約」。1965年の国連総会で採択した条約。

ることである。実際上の理由により、これが不可能な場合にのみ、原状回復を受ける権利に変えて、正当な、公正な、かつ迅速な保障を得る権利を認められるべきである。かかる保障は可能な限り、土地、領域・資源の形態をとるべきである」というものです。これはすごいです。何を言っているかというと、「先住民の同意なしに奪った土地は返しなさい」ということです。

ところが、日本政府は9年間、この二つの勧告に対して何も答えていません。確かに、国内的にはいろいろな進展がありました。アイヌ政策推進委員会の委員をやっていまして、その委員会の1回目に鳩山さんが入ってきて、「イランカラプテ」と言うんです。わかりますか、「イランカラプテ」。「こんにちは」「こんばんは」「お晩です」、みんなこれ、「イランカラプテ」ひとつで済むんですね。アイヌ語って便利ですね。

問題はですね、アイヌ政策推進委員会の中に二つの作業部会をつくるというんですね。ひとつは共生の施設、象徴の施設を作るためと言うんです。なぜ問題かというと、これはアイヌ民族の墓を掘って、骨を盗んで、盗掘ですよね。みなさん方の墓がそんなことされたら大変でしょう。だけどアイヌの墓はこの百数十年の間は暴かれて、北海道大学には1000体も骨があって、札幌医大にも数百体の骨がありますね。さらに東大や京大など全国の大学も持っています。それに世界中で一番持っているのはドイツ。オランダ、ロシア、イギリス、アメリカとか、いっぱいあるんですよ。研究と称してアイヌの骨をもっていっています。そういうものを全部まとめて、慰霊施設を作ってあげるということですよ。

別に作ってほしくないですよ、私は。アイヌは死んだら土葬ですけれども、もともと土葬だったものを日本的な墓に変えろと言われてですね、全部墓を掘って焼いて、日本式の墓を作っていますが、本来的にアイヌの宗教ではそうはやりません。土に戻すものなんです。なぜそれを世界中から集めて日本と同じような形で慰霊所を作るのか。こういう作業部会をつくるというわけです。私は反対なんですよ。

それから、もうひとつ。北海道では、アイヌ民族の住宅問題やら教育問題やら雇用問題とか、北海道ウタリ福祉対策というのを１９７０年代半ばごろからやっていました。それを２００２年から「アイヌの人たちの生活向上に関する推進方策」という名前をつけてやっているんですよ。しかし、北海道以外は何もやっていません。北海道に住むアイヌ民族だけにやっている。道外では何の施策も未だに行われていないのです。そのことが今回大きな問題となって、「作業部会をつくって実態調査をしましょう」と言うわけです。「調査をしましょう」と言っても、今はこういった時代ですから、「アイヌは手を挙げなさい」と言っても、誰も挙げませんよ。差別されるだけですよ。では、どうやって調査するのかというと、北海道のアイヌ協会の支部に「あなた方の子どもや親せき等の居場所を教えてください」とお願いするというんです。これもなかなか難しい問題です。

このように二つの作業部会しかつくらないというんですよ。ありえませんよ。私もアイヌ協会も、何のために国連の作業部会に行ってきたんですか。先住民族の権利宣言が２００６年の人権理事会で採択をされて、翌年9月13日の国連総会で採択されたんです。144ヶ国という圧倒的多数で採択をされたんです。実はこれも人権理事会の中では妨害がありました。国連総会に2006年に上げようとしたけれども、アメリカの妨害でだめでした。アフリカユニオンに経済援助や軍事援助を盾に圧力をかけて、延期法案にしてしまった。しかし、アフリカの人たちは白人や欧州の国家によってどんな酷いことをされてきたか、一番よく知っているはずなんです。植民地の問題を抱え、悩んできた人たちにとっては、この先住民族の権利宣言は重要なものであることはわかっているんです。そこで、私たちの仲間が2007年の5月に、ニューヨークでやっているパーマネントフォーラムの会合の後、リーダーたちが残ってアフリカの人たちを説得し始めました。アフリカの人たちは最終的に同意し、2007年の国連総会採択となりました。これを受けて日本も、例えば2008年6月6日の国会決議になったわけです。ところが、人権理事会でも賛成し、国連総会でも賛成した日本政府がですよ、日本に帰ってきたとたん、当時の総理大臣も外務大臣も、当時（総理）は福田さんでしたか、「国連総会で言っている先住民族にアイヌ民族が該当するかどうかわからない」と言うんですよ。だから鳩山さんに「二枚舌」と言われるんですよ。

アイヌ民族を先住民族として求める決議と有識者会議

北海道内選出の国会議員の超党派で会をつくってもらって、「国連総会であれだけ賛成しておきながら、アイヌ民族を先住民族として認めなかったら恥ずかしいぞ」と言って、運動を始め、それが広がっていきました。それがサミットが始まる前に「アイヌ民族を先住民族として求める決議」になったわけです。

国会決議の後、一昨年（２００８年）の７月ですが、有識者懇談会がつくられました。しかし、その懇談会にアイヌ民族の人を入れてほしいとの要請に、当時官房長官だった町村さん（北海道選出の衆議院議員町村信孝氏）は「入れる予定はございません。必要な時に話を聞きますから」と言うんです。それでまた、超党派の国会議員の会に頼みまして猛烈にやってもらいました。その結果、「一人だけ入れようか」と言って、入れてくれたのがアイヌ協会の理事長であります。そこで私たちも理事長に「第２回の有識者懇談会で私たちは何を求めるか」というヒアリングを行ってもらい、「先住民族の権利宣言に基づく施策がなされなければならない」という意見書を上げました。そうしたらこの有識者会議の報告の内容が変わってまいりました。「国連宣言の意義」と「先住民族の文化の復興をめざす政策の策定にあたっては、国連宣言の関連条項を参照しなければならない」と書いてくれました。また、「国連宣言は先住民族と国家にとって貴重な財産であり、（条約でないから）法的拘束力はないものの、先住民族にかかる政策のあり方の一般的な国際的指針として意義は大きく、十分に尊重されなければならない」とありました。

私は今、三つ目の作業部会をつくれと要求しています。１月の人種差別撤廃委員会に行った時に、これまでの日本政府の対応とともに、「日本の作業部会には共生の施設と実態調査しかない。こんなことで、アイヌ民族の生活、教育、文化あるいは仕事とか、いろいろな問題について解決できません。絶対に権利宣言にもとづく作業部会が必要です」という内容の意見を文書で出しました。

２０１０年2月24、25日に日本政府の審査があり、3月の16日に勧告が出ましたが、その中に、２００１年の勧告である「ＩＬＯ１６９号条約の批准または指針として用いること」「先住民に対する一般的勧告の実施を履行すること」と「先住民族の権利宣言あるいは人種差別撤廃条約や国際人権規約、子どもの権利条約[6]、女性の権利条約[7]など、国際人権条約を審議する作業部会の設置」が勧告に盛り込まれました。

私はうれしくて一晩眠れなかった。

教職員に望むこと

ところが、日本政府はこれをなかなか受け入れる状況にはありません。予算もついていません。非常に残念です。

やはり、基本に戻って、先生方には考えてもらいたい。私たちは副読本（アイヌ文化振興・研究推進機構『アイヌ民族：歴史と現在』）を改訂しました。さらに小学校4年生と中学校2年生全員に毎年配布しているんですよ。ところが、漏れ伝わるところによりますと、校長先生が預かっているのか教頭先生が預かっているのか知らないけれども、「もらっていない」という子どもがいっぱいいます。どこへいっちゃっているんですかね。莫大な税金を使って作っているのに、北海道の子どもたちに渡っていないんです。もう10年にもなるのに、です。全国には各学校1冊配布しています。さらにもっと解説するものが必要だということで、（教員用の）新しい解説書まで作りました。

10年前までは、アイヌ文化振興法ができるまでは、（各市町村の）社会科の副読本には「今から百数十年前、私たち開拓の先祖が入ってきたころには、昼なお鬱そうと暗く、人間の通る道なく人跡未踏の大地を私たちの祖先はこのように開拓しました」とこれしかない。これではおかしいでしょう。最初に申し上げましたように、アイヌ民族は有史以前からずっとここにいるんです。そのことをきちんと教えてもらわなかったらわからないんです。

今回の有識者懇談会の中に遠山敦子さんという元文科大臣がいますが、この人が、「私は全国へ行って、たくさんのアイヌの人たちの話をききました。あるいはヒアリングで人類学者の先生にも解剖学者の先生にもアイヌ語の先生にもいろんな話をききました。私はほとんど知りませんでした。これはやっぱり学習指導要領を改訂して、きちんと小学生、中学生の時に教えなければだめだ」と言ってくれました。私は、「小さいうちから、アイヌ民族あるいは先住民族の歴史や

（６）１９８９年、国連総会で採択。日本は１９９０年に署名し、94年に批准した。
（７）正式名「女子に対するあらゆる形態の差別の撤廃に関する条約」。１９７９年の国連総会で採択。日本は80年に書名、85年に批准した。

文化を教え、そういう人たちが高校・大学へ行って、お役人になったり先生になったりするから、そうした施策ができるのであって、それをやらなかったらいつまでたっても国民の理解なんて得られませんよ」と言っているんです。お願いですから学校でやってくださいよ。

「アイヌ民族に何をしてきたのか」〜正しい歴史観を

今私たちも、バックラッシュで、マスコミなどにめちゃめちゃ叩かれています。間違っていることは間違っているのであって、それは正さなくてはいけない。しかしですね、2007年の国連総会、2008年の国会決議があってから、日本国内で新しい歴史教科書をつくる会とか何とか在日特権を考える会とか、あるいは議員の先生方も含めて、「アイヌなんかどこにいるんだ」「アイヌ語を話してみろ」「どこにコタンがあって、チセで暮らしているんだ」「狩猟採取で暮らしているのがどこにいるんだ」と言うんですね。「俺たちよりも、より日本人みたいなことしているくせに、何がアイヌ民族だ」と言うんですよ。

私たちは好きでアイヌ語を話せないわけではないんです。「アイヌ語を話してはいけない」と言ったことを忘れたんでしょうか。明治維新になって明治政府はアイヌ民族に対して何をしたんですか。そのことをしっかりと認識してもらわなかったら、絶対変わっていきません。「俺たちの先祖はお前たちをいじめったって。ふざけるな」と言う。そうですか？　別に私たちは「開拓者が悪い」なんて一言も言っていません。開拓者とアイヌ民族は仲良くしてきたんですよ。北海道に開拓に来た日本人の中には、「とても暮らせない」と言って、本州に帰った人がたくさんいます。子どもを連れて帰ることができなくて、アイヌの家の前に捨てていった日本人もたくさんいます。どれだけアイヌが、その子どもたちを育てましたか。私たちの会員規則の中には、①アイヌの血を引くこと、②婚姻関係であるもの、③アイヌの養子として育てられたこと、とあります。これが私たちの仲間です。

私たちの誰が開拓者のことを言いましたか、国家が何をしたかと言っているんですよ。明治維新になって明治政府が函館に来て、旧幕府軍と新政府軍とたたかって、そして新政府軍が勝って、開拓使を置きました。それで明治2（1869）年に「北海道」と名前を変えたんでしょう。11ヶ国86郡[8]にして、ロシアに取られたら困るから、早くここを北海道と名前をつけて、沖縄も南洋道としたんでしょう。そういうことを忘れたんですか。その時にそこに住んでいたのが、函館、松前、江差にしか日本人はいなかった。日本人の定住者はいなかったんです。それを一方的にここは「持ち主のいない土地」として取り上げたんですよ。それはヨーロッパのそのような考え方に倣ってやったんですよ。ケプロンを呼んで、当時の総理大臣の10倍給料を払って、10年間80人の開拓顧問団を呼んで、インディアンにやったと同じように「無主の土地として取り上げろ」「天皇

（8）北海道を、渡島国・胆振国・後志国・石狩国などの11国、それをさらに余市郡・札幌郡などの86郡に分けた。

の名のもとに日本の国家のものにしてしまえ」と言って、すべてを国有地にしませんでしたか。明治10（1877）年には、アイヌ民族の住んでいた居住地までも北海道地券発行条例という大きな法律でアイヌ民族の所有は一切認めず、すべて取り上げたんですよ。そこにどう書いてあったか。「アイヌは読み書きもできないし、無知蒙昧で財産管理能力はないから、すべて、一時、当分の間、管理する」と書いてある。「当分の間」とは日本語では何年間のことなんですか。

そのことを私たちは国連で言っているし、国際人権法がそうなっているんです。国際人権規約に、あるいは人種差別撤廃条約に、ＩＬＯの169号条約に書いてあることを先住民の権利宣言にしたんですよ。それは、最初は19段落の前文と45条の条約だったものが、権利宣言作業部会のペルーの大使の議長が、2006年3月に、職権で前文を24段落にして、「これは決して、分離独立をすすめるものではありません。これは国家を脅かすものではありません。これは国連宣言あるいは国際法を主体に書いてあります」というのを入れて、46条に追加したんです。30年という長い年月をかけて、日本政府も入れて144ヶ国という圧倒的多数で賛成されて作られた、非常に大事なものなんです。

そのことを根底に考えれば、やはり「アイヌ民族に何をしてきたか」をしっかり教える必要がある。

私が国連に行って最初に覚えたのが「ＬＴＲ」という言葉です。「Ｌ」というのはランド、つまり土地です。「Ｔ」というのはテリトリー、領土です。土地と領土は違うんですね。アイヌ民族の、例えば私も持っていますが、山とか畑とか家の土地とか、あるいは狩猟する場所とかもありますけど。「アイヌ民族とは誰ですか」ということになると、これは樺太南部、北海道、千島列島、ここにずうっと住んでいた人です。千島列島に日本人が行ったのは、ロシア人よりも遅いんですよ。調べてみてくださいよ。だからロシアは国連で、「日本人の前に住んでいた人たちは誰ですか」と言うんです。「北方四島なんて返しませんよ」と言うんです。「返すのならアイヌ民族に返しましょう」と言っているんです。そういった歴史認識を持たないで、日本は「(近藤重蔵がエトロフ島に)旗を立てたから俺たちのものだ(9)」と言っているだけじゃないですか。いつから「住んだ」と言っているんですか。日本人が千島列島に行ったのは明治以降でしょう。北海道だってそうじゃないですか。幕末には、ロシア使節エフィム・プチャーチンという人が来て、日本は川路聖謨《としあきら》(10)という幕臣が交渉したんですよ。プチャーチンから「樺太や千島、蝦夷地にも、日本人はいないじゃないか」と言われたんですよ。「蝦夷地を半分こしようか」と言われているんですから。そうしたら「地名を見てください、地名を。ロシアの地名ではないでしょう」と言ったら、笑われましてね。それで今度は「あの蝦夷地にいるアイヌは実は日本人なんだ」と言ったら、ロシアは納得したんです。いずれにしても日本は危ないところだったわけです。18

(9) 近藤重蔵は択捉島に日本領を示す柱を立てた。日本政府はこれをもって、択捉島が日本領であるひとつの根拠にしている。
(10) 川路聖謨(1801〜1868年)。幕末の武士。幕末きっての名官吏。大阪奉行、勘定奉行、外国奉行などを歴任した。

00年ごろ、実はアイヌに対していわゆる和風化政策をしたことがあるんですよ。アイヌから総反発をくらってやめましたけど。これで、「アイヌの管理ももうできない」と言って、松前藩を福島県に移したんですよ。1800年以降は、松前藩はまともに北海道にはいなかったんですから。その後、松前に戻ってきて、一時いましたけれども、ほとんど幕府の直轄みたいにされて、骨抜きにされてしまったわけですからね。

それが明治になって急に「戸籍法」をつくって、明治4(1871)年から9(1876)年までの6年間でアイヌの戸籍をつくったんです。これだって、子どもたちにぜひ教えてくださいよ。私たちの祖先は、アイヌの名前だったんですよ。萱野さんの本にも自分の祖先の名前がいっぱいアイヌ語で出てきますが、私たちの先祖にはアイヌ語の名前しかなかった。それを1万7000人、全部名前を変えたんですよ。二風谷の人は、平取の人をみんな「貝澤さん」にしませんでしたか。貝の獲れるところだからといって。萱野さんだって、昔は「貝澤」だったんですよ。

もうひとつ大事なことは、宗教を奪ったことです。宗教を禁止して、文化を禁止して、生業を奪った。狩猟採集民族だったアイヌに「シカやクマを獲ってはいけない」「山へ入って木を切ってはいけない」と言うんですから、どうなると思いますか。死んでしまうんです。餓死してしまうんです。実際に明治の10年代になったら、アイヌ民族は餓死していった。当時、加藤政之助[11]という人が「世界に冠たる大和民族が蝦夷地開拓にあたって、そこの土人どもが死んでしまうことは恥ずかしいことだ」と言って、明治26(1893)年に帝国議会で提案したのが、「北海道旧土人保護法」なんですよ。これだって、「そんなことする必要はない」と言って、6年間かけてやっとできたんです。「アイヌにも農業をさせよう」と言って。

当時は開拓者に10万坪、1人につき10万坪といったら、33ヘクタールぐらいでしょ。それで明治32（1899）年（「北海道旧土人保護法」制定）になって、和人に北海道のいい土地をみんなあげちゃって、アイヌ民族に与えた土地が、1戸につき1万5000坪ですよ。5ヘクタールですよ。その差ですよ。これが差別でなく、いったい何ですか。そういったお話を国に訴えているんです。「日本人は出ていけ」とか、そんなことを言っているわけではないんです。

今、先住民族の権利に関する国際連合宣言というのが国連総会で採択されて、日本政府が100ヶ国に対して手紙を出しました。質問状です。「あなたの国には先住民がいますか」「先住民に対して何をやっていますか」など十数項目質問して、最後に「これは宣言ですが、将来は条約になると思いますか」と訊いているんです。人に訊かなかったらできないんですか、日本政府は。

おわりに

冒頭申し上げましたが、アイヌは今、非国民になっちゃっているんですよ。本当に国家に盾突

(11) 加藤政之助（1864～1941年）。政治家。自由民権を唱える。立憲改進党、憲政本党、憲政会などに属した。

くようなことだとたぶん思っているんでしょうね、超保守的な人たちは。だから私たちは「非国民」なんですよ。「最初にアイヌ民族だとか、在日外国人だとか、そういった人たちが批判される」、その通りだと思います。

だから、なんとしてもアイヌ民族を潰したい。負けていられません。国際的にも連帯する仲間がおりますし、このように先生方にもお話を聞いてもらえるし、そうした人たちがいる限りは絶対に負けないでがんばりたいと思いますので、今後ともいろいろとご指導・ご鞭撻をよろしくお願いします。

そして、全国、全道にいる私たちの子どもたちに、そして日本中にいる子どもたちにも、アイヌのことをしっかりとお願いしたいと思います。

今日はご静聴ありがとうございました。

2

北海道の教職員に望むこと

〔2011年4月22日　札幌での講演〕

貝《かい》澤《ざわ》耕《こう》一《いち》

【プロフィール】2017年4月現在

◇農業

◇FSC先住民族常設委員会委員

◇NPOナショナルトラスト・チコロナイ理事長

◇平取アイヌ文化保存会会長

◇父・正さんの遺志を継いで二風谷ダム裁判を萱野茂さんと起こし、「アイヌは先住民族である」とした判決を勝ち取る。

はじめに

みなさん、こんにちは。

自己紹介をさせていただくと、日高の平取町に住んでいる貝澤です。本職は農業です。ところが農業であるはずなのに、最近では、室蘭工業大学で社会環境アセスメント論を教えたり、平取町の臨時職員という形で、今問題になっている平取ダムのアイヌ文化に関する環境調査などをやっていて、本職の農業をなかなかやる暇がないのです。それでも8ヘクタールほど田畑を作って、日曜祭日は農業やっています。

一昨日も東京へ行ってきました。東京といっても千葉県に国立歴史民俗博物館というところがありますが、そこで「歴史民俗博物館なのにアイヌの展示がない」と3、4年前に文句を言った経緯がありまして、リニューアルするために、そこの展示にも関わっています。

真実を伝えてほしい

この北海道はもともと、私たちアイヌ民族の土地です。ですから、みなさんはアイヌ民族の土地へ来て、住んでいるわけです。これは私の考えですが、私たちアイヌ民族は、おそらく、一番気候のいい、温暖な瀬戸内地方に居て、朝鮮半島から渡ってきた人々に二分されて北と南に分かれていったと思います。今学者の間では、縄文人はおそらくアイヌだろうと……アイヌの先祖だろうと言われています。アイヌと沖縄の人たちは、DNAが一ヶ所しか違わないんですね。私などが沖縄に行くと、現地の言葉で話しかけられると理解できなくて困るわけです。「あんた、みやこんちゅうだろう」と言われるんですけど、私は「みやこ（宮古島）」に行ったことはないんですが、そこの人たちは私とよく似ているのでしょう。

そういう経緯の中で、私たちの北海道というのは、私たちの先祖が住んでいた時代に、日本政府が「勝手」に侵略・略奪した島なのです。なぜ「勝手」なのかというと、世界中にはいろいろな国に進出した国がありますが、必ずそこに住んでいる、先住民族の人たちと何らかの話し合い、協定を結んで進出してきています。

ところが日本の場合は違います。最初、豊臣秀吉や徳川家康はアイヌ民族を外国人として交易の対象にしていました。この北海道は自然の幸もたっぷりあったためにアイヌ民族は自由に千島列島、中国などとも交易していましたが、その後、明治政府は、国防の関係、あるいは利益のために、この北海道がほしくなってしまって、私たちアイヌ民族が最後の天地とした、この北海道を勝手に奪っていったわけです。

そのことを、みなさんが今までに習ってきた教科書の中のどこかに、一言でも書かれていましたか。一切書かれていませんね。それは、日本政府にとって都合の悪いことはすべて隠しているからです。みなさんが教えている特に日本史は、偽りだらけです。どこに真実があるのかわかりません。つまり、どこに真実があるかということを子どもに教えるためには、みなさん自らが勉強するより他ないんですよ。教科書に頼っていたらどうしようもありません。

みなさんは今まで、子どもたちに北海道の歴史、本当の歴史というのを教えたことがないと思います。みなさんが（北海道の本当の歴史を）学ぶところはどこにもないので、「教えろ」といっても「教えられない」と思います。文科省はそんなこと、一切、教材に載せていません。みなさん方が自ら学んで子どもに正しく伝える、それしかないんです。

二風谷ダム裁判を起こしたわけ

みなさんの中には二風谷に行った方もいると思いますが、二風谷にはダムがあります。私は1993年、そのダム建設に反対して、アイヌでただ一人国会議員となった萱野茂[1]さんと二人で、裁判闘争をしました。なぜ裁判をしたかといいますと、私の父[2]が萱野さんと二人で反対していまして、父が92年に亡くなったため、私が跡を継いだということです。93年に訴訟を起こしましたが、金銭的な主張は一切しませんでした。

裁判での主張は、「アイヌ民族にとって地形や気候を変えられることは、アイヌ民族の文化伝承を妨げることである」ということです。つまり、私たちアイヌ民族は、今は違いますが、もともとは狩猟民族で、周りの野山から生活のほとんどを「いただいて」生きてきた民族です。その

「いただいた」過程というのは、アイヌ民族の精神文化です。現在になっては、それは可能ではありませんが、それがあることによって、アイヌの精神文化を学ぶことができる。だから、「あんな巨大なダムを作って、環境、地形を変えることはまかりならん」ということで、訴訟を起こしたわけです。私の父は「日本政府は未だかつて、一度たりともアイヌの声に耳を傾けようとしなかった。だから、この大型公共事業について国にモノ申すのだ」と、そう言って反対闘争に入ったのです。

しかし、そんな格好のいいものではありませんでした。国というのはどういうところで大型公共事業をやるかというと、貧しい地域を狙います。まあ、本州出身の方が多いと思いますから、自分たちのところをよく考えてみてください。高速道路、新幹線など、どこを狙い撃ちして通っているでしょうか。必ず同和地区を貫いています。貧しい地区をターゲットにすると、用地買収が簡単です。「税金の無駄遣いをしなくて済む」と……逆に税金の無駄遣いを一番しているのが彼らなのにそういったことを言う。

私たちアイヌの村がそんなに貧しかったのかというと、貧しかったのです。明治32（1899）年、旧土人保護法によって、「1戸当たり5ヘクタールを与えるから、お前たちは農業をやれ」

（1）萱野茂（1926〜2006年）。アイヌ民族のアイヌ文化研究者。1994〜98年に参議院議員。二風谷アイヌ資料館館長を務めた。

（2）貝澤正（1912〜1992年）。平取町議会議員、北海道ウタリ協会（現北海道アイヌ協会）副理事長などを務めた。

と……おかしいですよね、これ。アイヌの土地を勝手に取り上げておいて、それを「与える」から農業をやれと。なぜそんなことをするのかというと、日本政府にとってアイヌが狩猟民族でいることは「邪魔」だったわけです。つまり、森の木を切れない。あるいは川の幸や海の幸を独占できない。だから、アイヌをほぼ強制的に農業に仕向けた。

肥沃な土地を私たちの先祖に与えてくれたのなら、それは我慢もできるでしょう。ところが、政府のやったことは、本州から移住してきた人たちには豊かな土地を与え、その残った土地をアイヌに与える。無茶な話ですよね。何千年の間、農耕民族で、たくさんの知恵を持った本州の人たちが、農耕をほとんど知らないアイヌの地へ来て、アイヌと対等に経営するとしたら、アイヌが上手くいくはずもありません。アイヌが本州から来た人たちと肩を並べるはずはありません。その貧しさというのは、今でも続いています。

つい最近、新聞の片隅に「(アイヌ民族の実態)調査の記載の過ち」と記事がありましたが、これは意図的にやったのではないかと、私は思っています。つまり、国としては、私たちアイヌに対して、「ちゃんとやっていますよ」と言いたがっている。そして歴史を隠そうとしている。

先ほど言いました二風谷ダム裁判の判決。1997年に出ていますが、この時の被告は北海道土地収用委員会でした。私たちは「強制収用は違法である」として裁判を起こしたわけですが、そうしたらなぜか「関係があるから」といって、建設省、今の国交省ですが、被告に加わってきた。それで終わりではなく、国までも被告に加わってきた。

二風谷ダム裁判で主張したこと〜「アイヌを先住民族として認めなさい」

最終的に私たちが求めたものは、「アイヌを先住民族として認めなさい」と、そして「アイヌの主食たるシャケを自由に獲らせてください」という2点に絞りました。「シャケを自由に獲らせてください」と言ったのは萱野さんです。世界中には多くの先住民族がいます。その中で、その先住民族の主たる食料を自由に獲らせてもらえないのは日本のアイヌ民族だけです。どこの国でも、そこの先住民族の主たる食料は生活のために自由に獲ることを認めています。ただ、それを大量に獲って販売するとか、それで利益を上げるということは、残念ながらどこの国でも認めていません。それを萱野さんは主張しました。

シャケなんていうのは、今の時期からどんどん産卵のために川を遡上します。まだハエがいる暖かい時期は食べる分しか獲ってこなかった。私の祖父が言っていましたが、「俺の若いころは、囲炉裏《いろり》に鍋をかけて、それから川へ出かけ、鍋が煮立ったころにちゃんとシャケを持って帰れた」っと。北海道の川にはそれだけたくさんのシャケがいた。そして10月末になるとハエがいなくなります。そうすると産卵を終えたシャケが川岸に寄って、息絶え絶えになっています。それを獲ってきて、背開きにして、日向である程度干す。囲炉裏の上に乾燥させ、燻製を作るんです。そうすると何年でももつ。それがアイヌにとって重要な食料であって、たんぱく源であった。それを萱野さんは「自由に獲らせてくれ」と主張したわけです。私は「先住民族であることを認めよ」と主張しました。

この裁判の中で、国交省、当時の建設省、特に北海道開発局のお役人の言ったことは、「あなたたちアイヌの人たちは、文字を持たない。そして記録が残っていないから、あなたたちの言うことは証拠としては採用できない」ということです。馬鹿な！　日本にもともと文字があったのか？　中国から持ってきた文字を変化させて自分たちの国の文字にしたくせに、「文字を持っていないから証拠とはならない」という言い方はおかしいと思います。

「ダムなんて作らなくても洪水は防げますよ」と私は主張しました。それは、あの川べりで半世紀以上も川を見ているからわかることです。だから「こういった対策方法があります」と言ったら、「あんたは専門家でもないくせに、なぜそういうことが言えるのか」と言われました。専門家というのはそんなにすごいものなのでしょうか？　私はこれまでいろいろな専門家に会わせていただいていますが、なかなか尊敬できる専門家はいません。特に環境調査の専門家や天下り先のコンサルタント会社等、みなさんの地区にもいろんな調査で入っていると思います。その職員たちは1週間から10日でこんな分厚い報告書を作っちゃうんですね。1週間から10日で、こんな分厚い報告書ができるはずがない。なぜそんな報告書ができるかというと、前回使ったものにちょっと内容を入れ替えて出すだけなんですね。それではだめですよ。

二風谷ダム裁判判決〜文化享有権の尊重

二風谷ダムの判決では、残念ながら萱野さんの主張したことは認められませんでした。「内水面漁業規制は都道府県が行っていることであるから国が関与することができない」ということです。つまり、北海道知事が許せば簡単にできることなんです。どうでしょう、高橋はるみ知事は、「アイヌのため、人のために、私は大いに理解しています。アイヌの人の作ったスカーフもつけています」とアピールしています。しかし彼女が就任してから今まで、アイヌのことで何か変わったでしょうか？　何も変わっていませんよ。

もうひとつ不思議なことは、知床のいくつかの河川ではシャケやマスの捕獲をやめています。北海道の多くの河川の下流では遡上するシャケを止めて全部産卵用に回しているのですが、知床ではいくつかの河川ではそれをやっていません。シャケの捕獲を止めたのはなぜか。上流にいるキツネなどの猛禽類のために遡上させると言っているのです。これを聞いた萱野さんは笑って言いました。「ああ……俺たちはキツネやクマやカラスより下なんだ」と。「俺たちが一生懸命望んでいるのに、それを認めず、そういうことをやる」と。つまり北海道にとっては、今でも私たちアイヌ民族は邪魔なんだなと。「誰のおかげでこの北海道で生活できているんだ」と言いたくなってしまいます。

残念ながらその萱野さんの主張は北海道知事が認めればそれは獲れるということで、裁判所は判断を下しませんでした。この裁判、私たちは完全に負けると思ってやっていた裁判ですが、弁護士も15人の弁護団をつくって、無償で応援してくれました。そして最初から、「この裁判は負けるでしょう。だけどこんな非道なことが日本の国にはあってはいけない。せめてマスコミを通じて、日本あるいは世界になんとかアピールしましょう」ということで始まった裁判でした。ですから、判決の前の日、弁護団と集まって敗訴のメッセージを用意していました。

ところが、判決は「アイヌの方々は先住民族である。また、歴史的に、明らかに、日本政府はアイヌ民族を衰退させた。その責任はすみやかにとらなくてはいけない。そして地域の文化、つまり二風谷にあるアイヌ文化、それを何の調査もせず、それを無視し、ダムを作ったことは違法である」というものでした。つまり文化享有権ですね。裁判所はそれを認めました。

私なりに判断すると、「己が受け継ごうとする文化は誰をも阻止してはいけない、阻止することができない」ということになると思います。当時の建設省はアイヌ民族の文化を完全に無視してしまったのです。

判決の後

その判決後、「もう沙流川にはダムは作らない」というような方向に向かっていましたが、2001年ごろからダムを作るという動きが出てきました。

もともと、沙流川には三つのダムを作ることが発表されていました。第一のダムが二風谷、第二のダムが今凍結されている平取、第三のダムが本流の上流と。苫東の日本最大の工業基地の工業用水を引くためのダムです。ところが、このダムを建設・着工した時点で「苫東は破たんした」と言われながら二風谷に強引に作りました。この時の建設業者が西松建設(3)です。ゼネコンと政治家の癒着がはっきり見えます。

二風谷ダムの判決で平取ダムの建設はもうやらないなと思っていたが、2001年にそれが浮上してきました。特に私たちの町の人たちが「作れ、作れ」と言いました。なぜだと思いますか。仕事がないからです。生活が苦しいからです。「せめてダム建設の10年間だけでも仕事があってほしい」という、そういう地域の人たちの願望ですね。

私が二風谷ダムに反対している時から、よく地元の人に抗議されました。「お前がダム反対と言って、もしもダムが中止になったら、俺たちの生活の責任を持ってくれるのか」と。あるいはある土建会社の社長が何度となく我が家へ訪れてきましたが、おそらくこれはお役人の回し者だと思いますけれど、「今すぐ訴訟をやめてくれ。そうしたら俺、何百万かすぐやるから」と。それを何回聞かされたことか。あるいは、「貝澤さん、5000万ぐらいなら出しますから、何か

(3) 1874年創業。1937年設立。建設事業・開発事業・不動産事業を行う。2008年、政治家への企業献金を個人献金に偽装したとして本社が家宅捜査を受け、翌年捜査が政界に波及したことで問題が明るみになった。

事業を起こしてくださいよ」というお役人もいました。つまり彼らにとって、５０００万ぐらいの金はどうにでもなるということですね。それはそういうやり方がいたるところに蔓延していたということです。

みんな違うということ

私が先ほど言った「文化享有権」、これは非常に重要なことだと思っています。日光の太郎杉というのがありまして、それを国道切り替えのために建設省が「切る」としました。ところが、地域の住民たちが「それは私たちの村のご神木である。切ることはまかりならぬ」として、私たちの裁判で出た判例の前に裁判を起こしています。その裁判は、地域住民が勝って、国道の迂回が実現しています。

先ほど言いました「己が受け継ごうとする文化は誰をも阻止してはいけない、阻止することができない」ということは子ども一人ひとりにも言えることなんです。

今の教育で、私がはっきり困ったなと思っているのは、「みんな同じ」という教育です。みんな同じではないんです。ここに先生方が１００人ほどいますけれど、周りを見回して、容姿・行動・考え方、すべて同じ人はいませんね。いたら気持ち悪いですね。みなさんが受け持っているクラスの子どももそうなんです。一人ひとり違うんです。その一人ひとり違うものを無理やり同じくしようとしています。確かにそれをやると楽だと思います。ひとつの枠の中に入れて、そこからはみ出さないように管理すればいいわけですから。完全な管理教育です。

終戦記念日に戦争のことがたくさん報道されていましたが、天皇崇拝、天皇のために死ぬことを恐れなかった人々、それはすべて教育の結果です。ですから、組織的にやろうとすれば、そういう子どもをいくらでもつくれるのです。でもそれではいけないと思います。つまり、たとえ双子であろうと三つ子であろうと、どこかが違います。それがその人なのです。

それを押さえつけて、ひとつの枠に収めようとしてしまう。それは確かに楽でいいですね。はみ出そうとしたら「ゲンコツ」張ればいいわけですから。「ゲンコツ」張ったら保護者は怒るか……今は……、昔はよく「ゲンコツ」張られたんですけど。そうすると、子どもの個性はどこへ行くんでしょうか。私たちの個性ってどこ行ってしまうのでしょうか。そうであっては困ります。

私の友だちにスウェーデンのカメラマンがいます。その息子が札幌の大学へ留学していた時、よく土日、祭日にはうちに遊びにきていました。ある時彼に、「スウェーデンでもいじめはあるの」と聞いてみましたら、彼は「あるよ」と言いました。日本では一般的に「変わった人」や「違った人」がいじめの対象になるので、スウェーデンでもそうなのかと尋ねたら、彼は「え」と驚いて、「それはおかしい。間違っている。なぜ、違った人や変わった人をいじめなきゃいけないの？　その人は自分にないものを持っているんですよ。自分にないものを持っているということは、その人に教わらなきゃいけないでしょう。つまり自分にとっては先生でしょう。なぜ、先生をいじめるのか。それは間違っている」という答えが返ってきました。日本と全然違いますね。確かに自分にないものを持っている人はすべて先生なのです。それをいじめたり、区別したり、差別することは大きな過ちですね。

北海道の教職員に望むこと

私は二風谷に住んでいて、よく中高生、特に関西地方の修学旅行生に話しをすることがあります。ある時、大阪の女子高生でしたが、その生徒たちに「民族としての誇りを」という題で話しした記憶があります。

その話の後、5、6人の女子高生に囲まれました。「今民族の誇りをという話をして下さいましたけれど、どうやったら誇りを持てるのか教えてください。私のお父さんもお母さんもいつも言います。でもお父さんもお母さんも朝鮮人です。私はこの日本で生まれ、この日本の義務教育を経て、日本の友だちとこのように修学旅行に来ています。でも、私には日本の国籍も永住権も選挙権もありません。だからといって、今更、私の国だという国へ帰っても、私のいる場所はありません。これでどうして誇りを持てるのですか。教えてください」と泣きながら訴えられました。

残念ながら、返す言葉は何もありませんでした。これが日本の実態なのです。つまり、違いを認めていないんです。一人ひとり違う。人種によって違う。国によって違う。地方によって違う。それを認めていないのでひとつの枠の中にいれて、「同じだ」「平等だ」とやっていると、国は管理しやすいと思いますが、人々は考え方、行動、すべて違います。

だからといって、「何をやってもいい」というわけではありません。日本国民としてのルールは守らないとならない。また、学校のルールを守らなくてはいけない。それからはみ出してはいけない。ただし、その中で自分を伸ばす。私たちアイヌ民族も最後の天地としたこの北海道において本州からの侵略により送られた人たちは「お前らより下の者がいる。だから大丈夫だ」と言われて来ていますから、そこで差別を生んでいるんです。

それは今でも続いている同和問題と一緒です。江戸時代につくられた士農工商・「穢多」・「非人」、それをなぜ今まで持ち続けていないといけないんでしょうか。特に私は、関西地方の子どもたちに言います。「あなたたち、本当にその人たちの世話になっていないのか」と。絶対に世話になっているのです。彼らの作ったもの、あるいは芸術、それらの他にも何らかの世話になっている。その世話になっている人を軽蔑したり、区別したり、差別するのはおかしいです。

私は少なくとも、人間は考える力と理性を持っている動物だと思います。そうならば、世話になった方々を軽蔑したり、差別したりすることはあり得ないと思います。そういう人がいたならば、人間の仮面をかぶった動物だと私は思います。ですから、北海道に住んでいる方々も、人間の仮面をかぶらない、人間として生きていただきたい。人間として子どもに接してほしいと、そのように思います。

子どもはきれいな、透明な心の持ち主です。それに色を付けるのは、私たち大人なんです。色の付け方を間違わないでいただきたいと思います。

どうもありがとうございました。

〈質疑応答〉

【質問者1】

アイヌの先住権の回復にかかわり、私たちはいったいどうすればいいのでしょうか。何かプロセスみたいなものがあればぜひ教えていただきたいのですが。


【貝澤】

私たちアイヌの組織でアイヌ協会というのがあります。その中でも、確かに先住権は主張しています。でも、独立は主張していません。もしも独立したい場合、国際法上、日本政府がアイヌ民族と認めた場合、最低でもこの北海道で独立できます。「アイヌ以外は出ていけ」と言えます。でもそれをやるつもりなど、毛頭ありません。アイヌだけでこの北海道を管理するのは面倒ですよ。おまけに今まで一緒に生活してきた人たちに「出ていけ」なんて、そんな非道なことは、アイヌはしません。

敗戦の時、北海道独立の話も出ました。日本占領の連合国軍が北海道に来て、アイヌの代表6人を呼んで「これから、アイヌの方々、どうしますか」と相談しています。アイヌの代表は「私たちは日本人としてこの戦争を戦ってきた。だから、今後も日本人として生きていく」と。それで北海道は独立しなかったんですね。

もしもその時、「独立する」と言っていたら、アメリカにとっては幸いだったかもしれません。北海道を統治できましたからね。軍事的に非常に重要な地ですから、この北海道は。特にソ連・中国・北朝鮮を警備するには最高の場所ですから。

でもアイヌは独立しなかった。その後もずっと日本政府に呼び掛けているのは、「同じ立場で、同じテーブルについて話し合いましょう」と。まだ一度たりともそのテーブルは用意されていません。

表面だけは大いに繕っています。1997年にアイヌは先住民族だという判決が出された時、国は控訴しなかったんです。認めているわけです。しかし、日本政府はその判決に従って施策も何もとらないで、つい最近まで放置していた。放置していたというより、先年（2007年）、国連で「先住民族に関する権利宣言」というのが採択され、それに日本政府は賛成しているのに、その時の首相のコメントは「日本に先住民族がいるかどうか定義がさだかでないから、わからない」と。何を言っているのか。1997年にもう「アイヌが先住民族である」と国が被告で判決を受けているのに、首相がそんなことを言いました。

そして2008年に洞爺湖でサミットがありましたね、G8サミット。世界先進国の首脳方が集まる。その半年以上前から、世界中のメディアが北海道に取材に入りました。世界では、アイヌという先住民族が北海道にいるということは、普通に知られていることです。アイヌ民族がどういう立場に置かれているかという取材にどんどん入ってきました。あわてた政府は、G8サミットの2ヶ月前の6月、衆参両議員の総意の下で、「アイヌ民族を先住民族として求める決議」をしている。「求める決議」ですよ。「認める決議」ではないんです。だから、日本政府は、アイヌ民族を未だに先住民族として認めていません。「求める決議」はしたが「認める決議」はしていないと。

その時も、権利については一切触れない。今のところ権利は、どうのこうのと言って、認めていません。権利の中では、土地問題があります。私たちは今更、私有地、個人の土地をどうこう言いません。ただ、「国有地をアイヌに自由に使わせてくれ」とは言います。

私の個人的な希望ですが、どこかの一地域にアイヌ語しか通じない、アイヌ文化しか通用しないという「自治州」があってもいいのかと。そうでないとアイヌ文化を守ることはできません。

明治初期から私たちアイヌ民族は日本文化、日本語の教育を受けて、ほとんどアイヌ語を知りません。これも私たちに同意なく勝手に日本政府がアイヌを日本国民にしたことですが、日本国民であるならば、私たち民族の言葉、文化、歴史、それを義務教育で教える義務が文科省・日本政府にはあるんです。その義務さえ彼らは怠っている。つまり、未だにアイヌを認めたくない。つまりアイヌを認めると、日本にいる在日の外国人たちもほっておけないと。彼らは少数民族ですからね。その国で生まれ、独自の言語、文化を持っている集団を少数民族といいます。日本にはたくさんの少数民族がいます。先ほど話したように、悩んでいる子どもたちがたくさんいます。それらも認めなきゃならない。国はそれから逃げているということです。

【質問者2】
萱野さんに生前、講演してもらった時に、アイヌの人たちのものの考え方の中に「所有」の概念がないと言われていたのですが、どういうことなのか教えてください。

【貝　澤】
日本政府がなぜ北海道に簡単に入り込めたかというと、アイヌに「所有」の概念がなかったからです。つまり、この地球上のものはみんなのものだ、個人的な持ち物といったら、せいぜい自分の家ぐらいで、周りのものは共有のものであると。ですから、昭和初期に東京大学の泉靖一という人が、アイヌ語でイウォルといいますが、アイヌの村の生活空間みたいなものを調べたのですが、この村はこの範囲で狩猟採集をしなさいよと、きちっと村ごとに話し合われて、決められていたそうです。確かに文字はないです。だから地図もありません。でもお互いの協議の上で決まって、そういうルールのもとに生きていました。

ですから、せいぜい所有するのは自分の家ぐらいで、亡くなったら家も焼いて「送ってしまう（飼育したヒグマのカムイを神々の世界に送る儀式をイオマンテと呼んでいることは有名）」と。そういう習慣ですから、「所有」の概念というのはなかったと言えます。

ただし、「共有」の概念はありました。すべてが共有であるから、自分勝手に不必要に獲ったり、壊したりすることは許されなかった。常に他の人のことを考えながら行動しなければならなかった。そういう「共有」の概念で、自分の持ち物はほとんどなかったというのが実状だと思います。

3

アイヌ民族として学校教育に期待すること

～末広小学校での実践を通して～

〔2010年10月29日　札幌での講演〕

野《の》本《もと》久《ひさ》栄《え》

【プロフィール】

◆アイヌ語ペンクラブ会長

◆（財）アイヌ文化振興・研究推進機構のアイヌ文化活動アドバイザー

◆アイヌ文化伝承者

◆1993年から、千歳市立末広小学校の「アイヌ文化学習」の中心的な役割を担っている。

はじめに

イランカラプテ！（会場：イランカラプテ）

私は自己紹介をしますけど、１９５１年に白老で生まれました。今のポロトコタン[1]の近く、浜の方。私のおふくろは純粋なアイヌです。ポロトコタンに行ったら、アイヌのユカラ（アイヌ民族の叙事詩）が流れているんですけど、それを歌っているのが私の祖母です。野本イツコといいます。その親が白老の雑誌の表紙になっているんですけど、ムックリ（アイヌ民族の楽器。竹製の口琴）を弾いているのが私のばあさんのばあさんにあたります。ポロトコタンで解説をやっている野本家は私の親せき筋にあたります。

私はそもそも、アイヌということには無頓着で、白老で生まれ育ったからそれを当たり前だと思って、差別云々とか……私は学校で逆に差別していたって言うくらい暴れん坊でしたけど。昭和45（１９７０）年に自衛隊に入隊しました。習志野の第一空挺団という落下傘部隊にいて、その後千歳に帰ってきました。昭和56（１９８１）年に退職して、今の家内と結婚したんですけど、それまではアイヌのことについてあまり意識をしたことはほとんどなかったというのが本当です。

しかし、今こういうことをやっているのは、やはり差別云々、アイヌという言葉が一人歩きをして、差別用語になって、「アイヌだ」ということを発することができなかったからだと思います。

私のそばにはエカシ（長老）とかフチ（おばあさん）がいっぱいいいましてね。あのとき真剣にやっていたらもっとアイヌに精通できたかなと。それでも今、アイヌとして自分たちの声を出せるということが、良かったなと思います。

家内も末広小学校の卒業生ですが、そこでかなりいじめにあって、「1分1秒でも早く学校を出たい」「卒業を心待ちにしていた」と。私もそこでアイヌのことをやり始めたときに、「頼むからやめてくれ」とかなり喧々諤々と話をしました。娘がたまたま末広小学校に在校していたので、「親が下を向いてはいけない」と。アイヌ文化はやればやるほど面白いということで取り組んだのが、今の末広小学校の取り組みにつながっています。

そのあとに、アドバイザーになり、全道、遠くは沖縄、五島列島、岡山県内、関東圏まで行って、儀式とかイナウ（木幣＝祭具のひとつ）などのものづくり、イナウは今あちこちでやっているけど、うまくできる人は少ないです。儀式の仕方、イナウの作り方を指導してきました。最近では、そこそこ出向いて、話をしたりしています。

千歳市立末広小学校での取り組み

末広小学校には、当時、佐伯先生と田中先生という二人の先生がいました。

（1）白老アイヌ民族博物館の通称。アイヌ語で「大きい湖の集落」の意。

娘が2年生の時に「学芸会でアイヌの踊りをやりたい」という話があって、家の中で盛り上がりました。家内は大反対。親が下を向いたらアイヌはこういうものだと思われる。それでは困る。堂々とやってアイヌの技術の高さとか自然を大切にする考えを子どもたちに教えたらいいのではないかということで、1996年あたりから学校に出向き、ものをつくったりしたのがきっかけです。

末広小学校でも最初は、たぶん両名の先生も苦労したと思うんです。当時はアイヌという言葉について、あまりいい感じで取り入れられる状態ではなかったと思います。「何を今更」とか、「教科書もない、何もない」「アイヌという言葉は差別用語」とかいろんな意見を聞きました。差別用語に対してどうするかということもたくさん聞きました。当時のウタリ協会の仲間の努力によって、だんだんと子どもたちの中で取り上げられていったんじゃないかなと思います。

アイヌ文化を体感させること

さきほど、副読本（『アイヌ民族：歴史と現在』）の話が出ましたが、私は副読本についてあまりいい意見を持っていません。無い方がいいと思っています。今までの経過であちこちの学校に行きますが、さっと出されたことは一度もありません。たぶん偉い人のところの机の中か本棚でほこりをかぶっているのではないかと。「廃止した方がいい」と言ったくらいですから。アイヌ協会の副理事長が委員長やっていますし、みなさんのために、子どもたちのために、役に立つものがあればいいけれど、表に出ないのであればいらないというのが私の考えです。

これから私が話すことは全部私個人の考えです。ここだけの話です。

それで、副読本を読むのであれば、それよりもっといいものがあります。これです。末広小学校で出した本（末広小のアイヌ文化学習を支援する会編『さあアイヌ文化を学ぼう！』明石書店、2009年）です。これは1年生から6年生までのカリキュラムに沿って、すべて書いてありますので。初めての先生、素人の先生でも実践ができます。私の後輩でアイヌのことを学んでいる人がいますが、実際にこれを使って子どもたちに教えている人もいます。

偉い人の本というのは、参考になるが子どもたちがそれを望んでいるかというとそうでもない。小学校1～3年生くらいの子どもたちに、「1900年から○○年までに何があったか」と言ってもわかるでしょうか。私の時間というのは90分です。その間にアイヌ文化のすべてを教えられると思いますか。いろんなことを羅列して話すよりは、興味を持たす。「あれはなんだろう」「どうやるのかな」「アイヌはこういうことをやっていたんだ」「物を捕まえるときはこうやったんだ」とかいう方が、もっと子どもたちの方に訴える率が高いと思います。

私は、学校に呼ばれると、車にいっぱい現物を積んで行きます。荷物をいっぱい積んで行きますから、先生方に迎えに来てもらわないと運べないくらい。だけども、なかなかそういうことがない。行っても先生方は来ないし……ということもある。私は実物を見せて、実際に触って感覚を確かめてもらう主義で、作ったり触らせたりする。どこかの博物館みたいに、「ここから入るな」というようなことはしません。

末広小学校のチセ（アイヌ民族の伝統的な家屋）が典型的です。あれは開拓記念館（現・北海道博物館）なんかよりずっといいです。実際に触ってみることができる。中に入って話を聞ける。「これはこういうものだ」と実感できる施設です。体感が一番いいことだと思う。小学生に話だけしたってしょうがない。子どもたちは興味を示しませんよ。

四国に行ったとき、ある高校の全校集会百数十名、アイヌのアの字も知らない子どもたちの前で「話をしてくれ」と。だいたい90分。40分はいろんな話をしました。物を持って行って見せました。しかし99パーセントは寝ていました。しょうがないよね。アイヌのことを知らないんだから。

それで、ムックリを出して全員に配った。音をビヨーンと出すとみんな目を覚まし、何が何だかわからないままやりだす。音の出し方を教えると一生懸命やる。やはり「モノ」なんです。体験させないとわからないんです。帰りに無人駅に行って座っていたら、「練習するよ」といって、キンキラキンの頭したのとか、超ミニスカートの子がムックリを持って歩いているんだから、びっくりしますよね。興味なんですよ。知らないことなんですから。そう考えると、私がやっていることは間違いではないんです。

もうひとつはアイヌの儀式のことです。みんなはテレビでしか見たことないだろうけど、実際にやっているところをＤＶＤで見せます。そうすると「あれなんだ」となる。そして実物を見せます。説明をします。

命の大切さ

それを実践しているのが末広小学校の３年生です。３年生は、サケを千歳にあるサケのふるさと館というところに話をしてもらって、クラス別に、実際に獲って、解体して、皮むきまで体験します。話を聞いただけでは大したことないです。しかし、実際にマレㇰ（河川での漁具）で獲って、頭を叩く。アイヌの伝統漁法ですから。そしたら「とんでもない話」だと。「野本は残酷だ、とんでもない野郎だ」ということを言われます。外せば外したで「へたくそ」と言われるしね。この野郎と思うけどね。実際に獲って見せて、小さいお祈りをします。サケに対して「ありがとう」と。「水の神様は大事なんだよ」と川にもお祈りをします。実際に解体に入ります。そうすると血が出ます。これが大変です。「残酷だ」って。ところがアイヌのばあさんのやり方を見ていると血が出ない解体の仕方があるんです。私はそれを見せるんです。家内がやると血がだいぶん出る。「なんで野本さんは出ないんだ」って。これはいろんなやり方があって、秘密ですけど……。要は魚はえら呼吸ですからえらを傷つけなければ大丈夫なんです。それをどうするかということです。そうすると子どもは不思議なもので、さっきまで「残酷だ」って言っていたけど、解体していくに従って、「うまそうだ」「あれほしい」、心臓が動いていると「心臓さわってみたい」とか。最後にはえらのとりあいですから。子どもたちはそのうち命の尊さというか、自分が大きくなっていく過程、生き物を殺して口に入れて、うんこになって出ていく。だから大きくなっていくということを実感するんですよ。

私は、さらに現実的なことを子どもたちに言います。

ちょっと質問をします。イクラが好きな人はいますか。ほんとか？ 学校の先生はうそつきばっかりいるな。実際に子どもたちはみんな手を挙げますね。みんな、牛を殺して、豚を殺して、生き物全部殺して口に入れるわけです。そういうことを実感するわけです。うちの女房のところは昔、養豚場をやっていた。豚が連れて行かれる前の朝の鳴く声を聞いたことがありますか。あまりにもかわいそうでしょうがないよ。あれを見たらしばらく食べられないな。だけどそうしないと自分たちの懐に入ってこないですからね。あのグリーン何とかというやつらはね、「殺したらだめ」っていうけど、実際自分たちは肉を食っているわけです。へ理屈です。自然に動いているものはだめ、飼っているものはいい、という理屈です。それはおかしいと思います。

命は全部同じです。命の大切さ、食の大切さということを知るんです。3年生は実際に持って帰って、「全部食べた」って。「サケは普段好きではないけど食べた」って。「おいしかった」って。「給食も残さないで食べます」って。そういう命や食の大切さっていうのが、アイヌ民族の考え方としてはあるんですよね。かといって、今のアイヌが全部そうかというとそうではない。

もうひとつは、アイヌはもともと狩猟採集民族ですから、山に入ってフキでも何でも採ります。でも、私たちは考えて採るんですよ。教育実践の時にも、10本あったら3本くらいしか採りません。そうしたらほかのグループが採っている。これではどうにもなんないよね。どこでも採ったら次の年になくなりますよ。自分の手が届くところまで採ったらそこでやめます。いくら採りやすくても。そう考えます。そういう考えを子どもたちにもわかってもらいたくて、やっています。誰かが言わないと。今の親は子どもたちを怒れないし、先生方も大変でしょ。よくわかるな。

学校に行ったら「野本さん、このクラスはちょっとやかましいのがいまして……」って言われるけど、「やかましいの、結構結構」って言うんです。わたしは少林寺拳法を子どもに教えています。ですから、ちょっと脅しをかけてやるんです。「デコピンやったら痛いぞ」とかね。「人の話を聞く時はちゃんと見なさい」って、先生方が言えなくても私は言います。中学校に行った時にも、せわしない学級だったけど、脅しまして。無事にけがをしないで終わりましたけどね。

（会場：笑）

「自分がこうやる時はこうしなさい」というのもアイヌ民族の考えだと思います。「年寄りの話はちゃんと聞きなさい」という考え。どんな研究者がいても、長老が一番です。長老が言えば「はい、わかりました」って。自分たちがこうする、ああするっていう時には、押しつけがましいこともあるかもしれないけど、言うべきことは言い、やってもらうことはやってもらうことが大事だと私は思います。

アイヌ民族差別に抗して

北教組から、「アイヌ民族学習をどうすすめるか」（『アイヌ民族の学習」をすすめるための指針』）っていう資料が出ています。歴史や文化を尊重。差別のない社会って。末広小学校のことも出ていて、すごくうれしく思っています。やはり差別云々というのは本当に出てきますね。私も、「アイヌということを意識したことがない」というのは本当なんですけど、一回だけありましたね。カチンときて。その当時で言えば相当な重罪なんでないかということをやりましたけど。悪いことではないですよ。私も第一空挺団という落下傘部隊に入りまして、半年くらい経ったころ、風呂入りに行った時、「野本、どこの出身だった?」って言われて「白老です」って言ったら「あ、アイヌか」って、いきなりですからね。北海道の白老って言うだけでアイヌって。「どうりで毛深いな」って。俺あんまり毛がないんだよね。「そういうことを言うのか」って頭をちょっとなでて、かわいがってやったんですけど……次の日、四等勲章もらいましてね、えらい目に遭いましたけど。

やはり、自分たちのことを言われて、それに対して引け目を持っているっていうのは、今考えると恥だなと思いまして。当時は次の日から、「こいつらに負けてたまるか」ということで、走ったりとんだりすることも負けないように頑張って。当時、自衛隊の体育学校に行ったことありますが、負けず嫌い、負けず魂を持ってやる人もいれば、ちょっと下を向いている人もいるんですよ。それは仕方がないことで。自分がこうだから、他の人もそうだというのは理由にならない。

今、私、話してますけど、地元に帰れば、結構言われることがあるんですよ。「そんなにアイヌのことをしたかったら、白老に帰って、やれ」とかね。言われることあります。ただ、今ここまできて、みんながどういうふうにして、これからやっていくようにするかというと、そうはいかないんだよね。ある意味、誰かがやらなければならないし、そのためにはどうするか知恵を出し合っていかなければならないということを考えると、引けない。

アイヌのことをやろうとするといろんな弊害が出てきます。娘がつい最近結婚して山梨の方に行って、お寺の住職の嫁さんになって。務まるかどうか心配ですが。息子もいます。でも息子と娘にアイヌ文化をやれと言ったことは一回もないです。これはなぜかというと、えり首捕まえて、「親がやっているからやれ」ということではないんですよ。これは何も意味がない。かえって反発されて誰もしなくなってしまう。私は一切言いません。みんなに「やるべ！」と声はかけるけれども、絶対「やってくれ」とは言いません。これは興味を持ってもらわなければならないから。大人もそう。「やってみようかな」という気にならなければならない。

そのためにはどうするかというと、やり続けるしかないんです。「野本もやっているから、ちょっとやってみるか」と思われた方がずっといいわけだね。これは難しいです。だけどいま後輩に伝承しようと思っても、下の者がいないのが現実です。私も34、5歳まで無関心でいて、今更ながらという感じですが、そうかもしれない。だけども何とか興味を持ってもらえるように頑張っています。

学校教育に期待すること

子どもたちの興味をそそるというのは、実際にやって見せるということが大事です。物を持って見せる。これがこうだからというのではなく。

イナウは知っていますよね。あのイナウが1本の木からどのようにして作られているか。最終的に細くなった木は、どういうふうになるかというところまで実際に作ってみせる。そうすると、「アイヌっていうのはものを粗末にしないんだな」「最後まで使い切るんだな」と。これが原則だからそれを実際にやって見せるっていうのが大事です。

一昨年（2008年）、ある小学校で4年生を対象に2時間、イナウ作りをびっしりやりました。種類が違っているイナウを作って、サパンペ（冠）になるまで作って。あ、サパンペ知ってますよね。いろんなものを作ってから、最後にはアペ（火）で燃やすんだよ、っていうことをやって見せました。90分、誰ひとり立ちませんでした。周りを囲んでね。「トイレ時間取らなくていいか」って言っても誰も何も言わないですよね。どういう形で変化しているかということが信じられないんですよね。実際に見ないとね。そういうことを考えると、やって見せるっていうことが大事、実物を見せるということが大事と痛感しています。

それで、今回もそうですが、私は声がかかればどこにでも行きます。千歳市の環境保全公社という第三セクターで仕事をしています。来年の4月になると会社名も変わって、合併をして、再来年はどうなるかわからないという状態です。休暇を取るのが難しいんですが、子どもたちのため、興味のある先生のためなら何とかして行きます。1日休暇取って、午前と午後に分けて行くこともあります。

カントオロワ　ヤクサクノ　アランケペ　シネプカ　イサム

私の考えと一番合致している言葉があります。特に「子どもたち」と合致しているということです。いじめだの何だのと騒いでますけど、「実際にこうなんだよと」いうのをアイヌの言葉で言うと、意外と納得してくれる。わかるということがあります。

「カントオロワ　ヤクサクノ　アランケペ　シネプカ　イサム」

という言葉なんですけど。

「カントオロワ」というのはですね、「カント」は「天」ですね。「オロワ」は「～から」「天の国から」、「ヤクサクノ」は「役目なしに」、「アランケペ」が「降ろされたもの」、「シネプカ」は

「ひとつも」、「イサム」は「ない」。

「天から役目なしに降ろされたものはない」

要するに、個人個人の能力というのはみんないいものを持っているというわけで、あれが劣っている、これが劣っているというわけではないんだ。だから人を見下したり、バカにしたりしてはいけない。人間というのはそれぞれ立場があって行動する。その中で「あいつがおかしい」「こいつがおかしい」とか言っているのであれば、それは本人がおかしい。だから人をバカにしたりとか、さげすんだりしてはだめだ。「それは、自分がそう思われ、見られるよ」ということを、私は先生の前であろうと何であろうと言います。これは大事なことだと思います。今、いじめとかいいますけど、そんなことよりは、もっと素直に言った方が子どもたちは納得するのではないかと思います。なるべくこういう言葉を大事にしながらやっていけばいいと思います。

アイヌ文化は生活文化

アイヌ文化というよりは、アイヌの場合は生活文化ではないかなと思います。無いものは作って、自分で使います。お椀がなければお椀を、箸がなければ箸を作ればいいんですよ。それを使って、寿命が来たら、アイヌ語でいう「イワㇰテ」ですね、冠して、裏において送ってあげる。「ありがとう、イヤイライケレ」と言って送ってやって、また新しいものを作ってやる。これは生活文化だと思うんですよね。

「カムイ」。アイヌの神様というのは数えきれないくらいいるんですよ。私の考えでは、精霊でないかなって。ものに宿っている神様がいて、全部応援してくれている。そのためにみんなが生かされていると思っています。だって、他の宗教ではご本尊がいて、それに拝めば何とかなるというのかもしれないけれども、私の場合は、精霊がいて、話をして、自分たちに返ってくると思っていますから、今でもやっています。

私のうちは、末広小学校みたく家の中に囲炉裏があります。アイヌの家をそのまま再現しています。藁ぶきではないですが。みなさんと同じ家を建てています。そこに囲炉裏があって、そういうところで生活をしています。娘は友達が来ても素通りで2階に上がっていきます。だけど、誰か来たり、明日何かあるという時には、そこで実際にカムイノミ（神に祈る儀式）しますんで、その時にはみんな降りてきて座ります。うちには小さい犬がいますが、ぜったいに囲炉裏には入ったりしません。儀式やるよというと横に来て座っています。すごくいい犬ですよ。実際にそういう生活をやっているんですよ。うちはね。

うちのところではトリカブト(2)があったり、イケマ(3)があったりしています。なんか最近体の調子

(2) トリカブト属の植物。その根の部分をアイヌ語で「スルク」と呼ぶ。アイヌは矢毒文化を有し、矢毒はもっぱらトリカブトの根から作られた。抽出した毒を矢や仕掛け弓「アマッポ」に用いて鹿やヒグマを獲っていた。

(3)「イ＝それ（神）、ケマ＝足」というアイヌ語から名付けられたガガイモ科のつる性植物。

が悪いのは、そのせいかなと思っているんですけど。うちの女房がよそよそしい顔をして見ています。「まだかかな」と思っているんじゃないかと心配しています。だからトリカブトは私がちぎって捨てるようにしています。でもいつの間にか芽が出ています。（会場：笑）

おわりに

子どもたちにアイヌ文化を教えていくということは、すごくありがたいことです。頑張ってください。私もできる限りの協力は惜しみません。平山（裕人）さんとか、西村（充）さんとか、縁があって、こういうところに招いてもらって感謝しています。これからも恥じないように、「またどっかで野本がやっているんだな」ということで頑張ってやりますので、今後ともアイヌのことについては、頑張ってほしいと思うし、応援しますのでよろしくお願いします。とりとめのない話でしたが、みなさん、何かきっかけをつかんでください。きっかけがあれば何とかなります。どうしようもなければ呼んでください。私も駆けつけて、応援します。

どうもありがとうございました。

4 アイヌ文化について

〔2011年3月12日　旭川での講演〕

川《かわ》村《むら》兼《けん》一《いち》

【プロフィール】

◆川村カ子トアイヌ記念館館長

◆旭川アイヌ協議会会長

◆1984年に旭川チカップニ（近文）アイヌ民族文化保存会会長となる。1987年旭川アイヌ語教室を開講する。1999年10月、北海道が管理していたアイヌの共有財産についての訴訟にかかわる第1回口頭弁論において、アイヌ語で意見陳述を行う。

はじめに

14年前（1997年）に旧土人保護法がなくなって、今はアイヌ文化振興法であります。そこで、STVラジオで「アイヌ語ラジオ講座」というのが始まりましたけれども、STVにはアイヌ文化振興財団がお金払っているんです。1週間にたった20分。お金払って、たったの週に1回20分だけですよ。これじゃあ、なかなか覚えられませんよね。

それでアイヌ文化振興財団では、アイヌ文化振興法ができた時に「北海道の5校の教育大学でアイヌ語の授業をやりなさい」と言ったんですけど、アイヌ語の授業を始めたのは旭川教育大学だけですね。あとの4校は時々講師を呼んできて、アイヌ文化の話をさせるだけ。旭川だけですよ。それと旭川大学でもアイヌ語教室をやっています。アイヌの言葉に関して、旭川は非常に大事にしている。ありがたいことです。

間違いだらけの北海道の地名の話

これは、私が作った「北海道の地名」ですけれども、4万8000のアイヌ語の地名があります。大きいものから小さいもの、川から沢から、細かいものもたくさんあるんですね。

これが明治のはじめに、北海道の開拓使長官の黒田清隆が「蝦夷地の地名はよくわからん。急いで蝦夷地の地名をまとめなさい」と言って、大急ぎで地名を漢字にあてはめるように命令したんですね。本来アイヌ語の地名というのは漢字にはなかなかあてはまりません。アイヌ語の発音というのは「ド」とか「ヅ」とか、いろいろ工夫してやっていますが、急いだものですから、それを全部漢字にあてはめた。それで間違いだらけの地名になってしまった。

「旭川」は、「チウペッ」です。「波だつ川」、それから「アサンカン＝川の合流点」「チュㇰペッ＝秋の川」それから「チュㇷ゚ペッ＝太陽川」で日の出る川。旭川だけでも四つ呼び方があります。永田方正（1）が「チュㇷ゚ペッ＝太陽川」で日の出る川で「旭川」が定着してしまった。50年ほど前、北海道大学の知里真志保さんが「旭川の地名は間違っているから、チウペッに直せ」と言いに来たことがあったんですね。でも「名前が馴染んでいるので今更変えられません」といって、「旭川」にそのままなってしまったんですね。

「小樽」もそうですね。「オタル」というと「砂の道」になってしまう。最初は「オタルナイ」と呼んでいました。それがだんだんと短くなって「オタル」となってしまった。

「サッポロペッ」も「サッポロ」と短くなった。「乾いた広い」では意味がわからないですよね。「乾いた広い」川か沢か平野か……「ペッ」とか「ナイ」とかをつけてくれないと、「サッポロ」は「乾いた広い」だけで、そんな地名はありませんよね。なんでもこうやって短くされるも

（1）明治期の教育者、アイヌ人教育とアイヌ語研究に従事。著書『北海道蝦夷語地名解』（北海道庁、1891年）。

のですから、間違いだらけになる。

「千歳」というのは支笏湖の「シコッ」ですね。「死骨」と書いたけれども縁起でもないということで千年長生きできるように「千歳」に変えました。「クッタルウシ」、イタドリがたくさんいるところも「虎杖浜」と変えられた。勝手に変えられて、千歳では、蘭越（ランコシ）は桂の木がたくさんあるところ、「ネシコシ」は胡桃の木がたくさんあるところ、呼びにくいからといって、「蘭越町」が「桂木町」に変えられていますね。そうやって北海道の駅名も変えられている。

旭川は逆に、20年前から開発庁で「河川敷の地名は正しいアイヌ語にもどしましょう」と言って、開発庁の人たちが私たちのアイヌ語教室にやって来て、一生懸命勉強した。それであの大きな看板を作って、カタカナ、ローマ字、そして日本語で書くようになった。旭川の「ウッペッ川」は「五線川」という名前だったんですけど、開発庁の人が元にもどして「ウッペッ川」とカタカナで書いて、ローマ字で書いて、意味を「肋骨の川」と日本語で書いて……。
5、6年前からは旭川の教育委員会で「遊路」をテーマにした自然公園作りというのがあって、千歳と平取でも始まっていますが、「ぜひ旭川でも遊路を作りましょう」ということで、私たちよりも教育委員会の方が熱心で、何としても誘致しようと……。
それで北海道大学の小野有五さんが来て、この方はアイヌ語地名にこだわっている人で、旭川の近文小学校の前の、「近文（チカプニ）」というのは「近くに鳥がたくさんいるところ」という意味で、近文小学校の校章は鳥のマークで、代表的な名前なのでそこに看板を作りました。その鳥というのがどうやら鷹だったらしくて、「鷹栖町」と「近文町」と二つ地名ができました。

アイヌの土地の話

私たちが戸籍をとると「給与」予定地出生、最初に「旧土人」と書いてある。これは「旧土人保護法」があって、私たちは戸籍をとるとずっと「旧土人」。旭川だけ給与予定地。他の北海道のアイヌは、「給与地出生」。旭川の場合はあくまでも、未だにそうですね。私たちの土地は未だに未払いで、私は8年間裁判やっていますけれど。地裁、高裁、最高裁までいって、8年の時を返せっていう運動をやりました。最高裁で棄却。門前払いですね。未だに私たちの土地は返してもらっていない。

1月、2月になると「北方領土」の話が出ますけど、だいたい地名がアイヌ語ですよね。「エトロフ」は「岬があるところ」、「クナシリ」は「クンネシㇼ・黒い島」、「ハボマイ」は「アポマイ・流氷のある島」、「シコタン」は「大きい村」、アイヌ語なんですね。サハリンとか変えられたんですね。いつの間にか「ユジノサハリンスク」になってますね。アイヌ語から日本語に変えられて、今はロシア語に変えられていますけど。

エトロフとかクナシリに行くと、ラッコが今1000頭います。エトピリカという鳥もいます。シャケが多いです。ラッコは大飯喰らいで、起きている間はやたら貝を食べます。ホタテとかアワビをやたら食べます。ラッコというのは、マイストーン、石を置いて貝殻を割ります。石をしまう袋がある。生き物として進化しているんです。夜は昆布をまいて流されないようにするんですけれども、時々流されて、釧路川に行って「クーチャン」とか呼ばれてね。根室にもいますよね。すごい食欲だから大変ですよね。ホタテの稚貝も全部食べられてしまう。

ラッコっていうのは「海のカワウソ」でアイヌ語ですよね。「エトピリカ」というのは「くちばしが美しい」、シシャモは「スサム」で「柳の葉っぱ」、ルイベは「溶ける物」、ハスカップは、「枝上になるもの」、いっぱいアイヌ語がありますよね。アイヌ語から日本語になってみなさんが使っている。

私たちはいつも「北方領土」の日に、札幌、沖縄の那覇、東京、大阪で「北方領土の日・反対集会」というのをやっています。私たちの仲間でデモをやります。北方領土は日本のものでもないし、ロシアのものでもない。そこに住んでいる鳥もラッコもアイヌ語の名前がついている。「アイヌの自治区をつくってください」ということを、私は言っている。

札幌のロシア領事館に行くと、もともとアイヌの土地だということはわかっていますから、「エトロフでもクナシリでも、いつでもいいですよ」と言う。行こうかなと思ったら、外務省が「だめです」と言う。私たちはエトロフとか行って、ラッコとかエトピリカと一緒に魚を獲って生活したいなと。

いつか実現できればいいなと思っています。

川の話

関東から以北はほとんどアイヌ語の地名なんですね。北海道では「ペッ」と「ナイ」で大きい川と小さい川を区別していますけれども、東北では川も沢も全部「ナイ」ですね。ですから「三内丸山遺跡」は「サンナイ」です。「ナイ」のつく地名は東北にはたくさんありますね。蝦夷《えみし》っていうのはアイヌのことです。日本人は、アイヌのことをアイヌとか、エゾとか、エミシとか、クリルとか。モンゴル人はアイヌのことを「ク・ウェイ（骨嵬）」とか。いろいろ呼ばれていますけれども、アイヌというのは人間。人という意味です。

例えば、札幌から千歳へ行く高速道路（道央自動車道）に、「輪厚（ワッツ）」というサービスエリアがありますよね。あれこそが永田方正の大間違いで、明治ですか、墨で「ウツナイ」って書いてあったんですね。そこに雨が降ってきた。そして「ウ」の点が消えてしまったんです。それで「ワツナイ」になった。それがいつの間にか「ワッツ」になった。

こういうでたらめなんですね。永田方正もいい加減だけれども、当たり前のようになった。でも「ワッツ」なんてアイヌ語は聞いたことがない。英語みたいだ。やっぱり「ウッナイ・肋骨・沢」という意味ですね。

アイヌにとっては、沢は海から山へ上っていく生き物だから、親の川、子どもの川、夏痩せした川、交尾する川、死んだ川、親子関係とか本体と肋骨とか、分けるんですね。生きたものですから。山に向かっていく川、鮭と同じですね。

日本人でいえば、高いところから低いところへ流れるのが川。

私たちは違うんですね。だから日本人は地図を描くと、上流から向かって右岸・左岸と言いますけれども、アイヌからすると逆なんですね。そこでずれが出てきます。

山の話

大雪山というのは、カムイミンタラと呼びます。３通りありますよね。「ヌタㇷ゚カムイシㇼ」とか「ヌタㇷ゚カウㇱペ」、「カムイミンタラ」、神々の遊ぶ庭というのは呼びやすいのか、今、大雪山観光連盟とか、「カムイミンタランド」って呼んでますね。最近はアイヌ語と英語をくっつけるのが流行りみたいで、「スーパーカムイ」だとか「アウトレットモール・レラ」とか英語とアイヌ語をくっつけるんですね。「スーパーカムイ」の出発式の時は、アイヌ語ということで私が出発式をやりました。

昨日（３月11日）は、シㇼシモイェ、地震ですね。オレプンペ、津波がすごかったですね。びっくりした。「カムイミンタラ」というのは、神々の庭、神様が地震を起こしたり、台風を起こしたり、山を噴火させるんです。

歌がありますけれども、これは十勝岳のオプタテシケ山が噴火した時ですね。その時まで富良野とか美瑛という地名はなかったんです。なぜオプタテシケ山が噴火したかというと、雄阿寒岳と雌阿寒岳が対極にあるのが阿寒、それが夫婦喧嘩をして雌阿寒岳が槍を投げた。大雪山まで飛んできて、槍がぶつかった山、オプタテシケヌプリというのができたんですね。それでオプタテシケ山が噴火して、雲の上から金の小魚が降ってきた。神様が遊んでるんだねー、っていう歌です。金の小魚というのは、噴火して硫黄が降ってきたんですね。それをアイヌは神様が遊んでるんだねって。硫黄が流れて、硫黄のにおいがするので「フラヌイ」（におい）、それで硫黄が川に流れて油のように濁ったので「ピイエ」、ビエイ川というようになった。この二つは新しい名前ですね。九州の新燃岳というのも新しいですね。新しく噴火すれば、地形がすっかり変わってしまって新しい地名が付くんですね。

ここのすぐそばに「カムイコタン」というのがあります。「神の村」ですけど、いい神様も悪い神様もいる。「ニックネカムイ」という人間を困らせてやろうという神、魔神の神様もいる。カムイワッカとか、神のつく地名は特に気をつけなければならない。人間にとっては恐ろしい。神様の遊びを人間はとても理解できないですね。

昨日の地震で、東北の人たちは本当にかわいそうですね。大雪が降って雪はね（雪かき）ができない老人ばかりの村に今度は地震。私の友人も岩手で温泉旅館をやっていたんですけど、3年前の地震で温泉が止まってしまった。今度はもっとひどい地震ですね。お悔やみを申し上げます。

東北は地名もアイヌ語が残っていますし、アイヌの人がたくさんいます。うちの記念館に東北の人が訪ねてくると、「私もアイヌの子孫なんですよ」と言います。秋田・山形・青森の人はよく言いますけど、他人ごとではないですね。

コタンの話

昔の、明治以前のアイヌの生活の話をしたいと思います。私は先祖が旭川に来て9代目、石狩川のほとりの永山というところに住んでいた。当時はキムクシペッといいましたが、永山武四郎[2]が来てから永山と名前を変えられました。大きな川のそばに集落をつくって、そこに住んだ。コタンをつくりました。

コタンがあると、コタンコㇿクㇽという村長《むらおさ》がいますね。村長は選挙で選ばれる。四つの力があって、雄弁家で、勇気があって、器量が良くて、手先が器用。

雄弁家というのは、何かあったときにチャランケといって話し合いをします。チャランケというのは因縁をつけるのではないですよ。みなさん、アイヌが何か話し合いをすると、「あいつら因縁つけにきたな」って。チャランケのことを因縁つけるって日本人はみんな思いますけども、話し合いのことなんです。だから雄弁家であることが第一です。

手先が器用でなくてはいけないという話をしますね。外国人たちが船で千島、樺太、それから北海道の道東の方にやってきて、いろんなものを持ってきます。中国人は刺繍をしたきれいな絹の織物だとか、ブレスレット、ピアス、ネックレス等の装飾品や針を持ってきました。針は女の人が非常に喜びました。ロシア人はナイフとか、コート、ブーツ、そういうものを持ってきた。旭川のリニューアルした博物館に行ったらあります。ロシアのコートを着て、中国製のピアスをして、アイヌは男もみんなピアス。明治に入ったら禁止されましたけれども。ブレスレットとか、お洒落だったんですね。

昔は、ラッコの皮、クマの毛皮、鮭のトバ、そういうものを交易品としました。特にラッコの皮がなんで喜ばれるかというと、犬や猫の場合、逆になでると毛が逆立つけど、ラッコの場合はどっちでももどる。ヨーロッパではミンクやテンどころではない、ラッコの毛皮が一番高価だったんですね。だからロシア人も中国人もラッコの皮がほしかった。

交易品は、海岸に住む人は手に入りやすかったけれども、内陸の旭川だとなかなか手に入らない。うちのじいさんは樺太まで行ってラッコの皮をお土産に買ってきました。ばあさんが非常に喜んだ。樺太や釧路の方まで行かないと、交易品は旭川の場合はなかなか手に入らない。家を建てるのでも、船を作るのでも、動物を獲るための罠、仕掛けを作るのでも、手先が器用でないと上手に作れない。上手に作れないと獲物が狩れない。熊の皮とか動物の皮を交易品にしますから、アイヌは名ハンターでないとどうにもならない。武器も上手に作る、丸木舟も上手に作っ

(2) 第2代北海道庁長官、第7師団長などを歴任。

て、1年に1回、旭川から石狩までおよそ200キロ、石狩川を下って、こちらから毛皮を持って行って、昆布とか塩とかと物々交換をしてくる。アイヌは、名ハンターで、大工さんで、船乗りで、ということを全部こなせないとならない。四つの力ですね。コタンコㇿクㇽが必ず村を守り、みんなを守る。

トゥスクㇽといってですね、これは薬草で病気を治したり、いろんな薬草がありますね。例えばエゾテンナンショウというのがある。これは毒薬にも使って熊を倒すこともできるけれども、アイヌはその球根の真ん中の黄色い毒のところだけ取って、周りの白いところはでんぷん質で非常においしいので、団子にして食べる。フグの毒も使うし、トリカブトも使うし、それを薬として麻酔薬にも使うんですね。アイヌは薬草で治す知恵というのはかなりあるんですね。だから、コタンコㇿクㇽとトゥスクㇽという人が必ず村にはいて、村の人たちみんなを守ったんですね。でも江戸時代からは、そういうことはほとんど無くなりました。

松前藩ができる前のアイヌの一日の話

松前藩ができる前のアイヌは、川のそばとか海岸に住んで、わりと平和な生活をしていた。朝は夜明けとともに、暗いうちに朝ご飯を食べて、お父さんは山に猟に出かけ、子どもたちは学校がありませんから、冬は外でそりすべりをしたり、天気が悪ければ家の中で、早口言葉とかしりとりをしたり。夏だったら、外で弓矢遊び、輪投げ遊び、棒高跳び、そういうことをして遊びます。子どもは弓矢遊びが代表的ですね。木の枝に貝殻をぶら下げて、それを的にして射るんですね。当たるようになったらそれを大きく揺らして、揺れている物を弓矢で当てる。子どもにとって遊びで覚えますので、槍で標的に当てるのもうまいですね。

明治37（1904）年、セントルイスオリンピックがあったときに、ペテ・ゴロという日高のアイヌが世界博覧会に行って、せっかくアイヌが来ているんだからオリンピックに出なさいと言われて、アーチェリーと槍投げでメダルを取っているんですね。[3] 日ごろからやっているから、槍投げもアーチェリーも当然うまいんですね。日本の選手団がオリンピックに出たのは8年後のへルシンキオリンピックです。アイヌは8年早く、セントルイスでメダルを取っているんですね。ペテ・ゴロさんは、日高でも有名な人で、世界博覧会で3ヶ月間セントルイスにいて、セントルイス大学は、横浜から茅葺の家、家も生活道具も着ていた衣装も全部買いあげて。ペテ・ゴロさんは日高町に帰って、そのお金で教会をつくって牧師になったんです。

さて、夜は、晩御飯を食べると、そのあとは、昔はゲームもテレビもないですから、昔話を聞かせてもらって、怖い話も、教訓になる話も、愉快になる話も聞きます。代表的なもので、「きつねのチャランケ」というのがありますね。副読本にもなっていますね。知りませんか。20年ほ

（3）世界博覧会に来ていた諸民族が参加し「アンソロポロジー・デイ（人類学の日）」と呼ばれる競技が行われた。

ど前に小学生の劇用の台本というのがあって、九州の人が作者で、全くふざけたバカげた「春を告げる鳥」というものがあって、出版社に抗議したんですね。代わりに「きつねのチャランケ」を採用した。

「春を告げる鳥」というのは、アスカというアイヌが、少年になるとみんなで山に行って修行をする。動物を殺して、頭骨を腰から下げて、それが名誉になる。アイヌには全くあり得ない。そんなものはやめてもらいたい。

「きつねのチャランケ」というのは、秋になるとアイヌは鮭をつりますよね。アイヌだけがおいしい鮭を食べている。それで動物、キツネが話し合いに来たんですね。「人間だけおいしいものを食べてないで、おれたちにもくれ」って。キツネもカラスも狸も人間に文句を言った。あるとき、そこのコタンコロクㇽが気づいて、「悪いことしたな」と。鮭を獲ったら、動物は内臓と目ん玉が好きですから、腹を裂いて内臓を木の枝にかけてあげた。キツネも狸もカラスも食べてもらう。そういう話が「きつねのチャランケ」です。非常に教訓になりますよね。それが今、小学生の劇の台本に、たぶんなっている。

そういう昔話を聞かせてもらって、中学生くらいになると今度は、ユカㇻですね。金田一京助さんは、アイヌのユカㇻとギリシャのオデッセイ、イリアス、フィンランドのカレワラ、インドのラーマヤナを世界の5大叙事詩といいましたね。

漁猟の話

（「開拓」時代の）当時、アイヌは、狩猟も漁猟も禁止されて、漁業権は漁業組合が一手にとってしまって、川で鮭を獲ってもいけなかった。貧しかったんですね。

　でも、旭川アイヌの場合は、そんな決まりは全く守らない。杉村さん（当日の舞踊の指導者・杉村フサさん）のご主人は、いつもそうでした。（会場：笑）昭和25（1950）年までは旭川を上から見ると石狩川が真っ黒になるくらい鮭がいた。昭和25年に深川に堰堤ができたんですね。それからだめになった。戦前は、鮭を獲って密漁で捕まると、警察に捕まるというより旭川の場合は罰金を取られる。5円の罰金を取られたって、5円払ってもう一回鮭を獲りに行く。こちらのご主人はいつもそうしていた。「そんなもん、捕まったって5円払えばいいんだ」って。旭川のアイヌっていうのは特別、昔から抵抗するアイヌです。土地問題でいろいろあったもんですから。北よそは大変でしたね。私の仲人の萱野茂さんとかは、お父さんが密漁で警察に引っ張られた。北海道の南の方では厳しかった。旭川のアイヌはそんなものは全然気にしなかったけどね。

　それで、鮭はカムイチェプ、「チェプ」というのは食べる物、魚のことを「チェプ」というんですね。丸太舟は「チプ」で乗るもの。よく日本人は間違えて「カムイチプ」といいます。それで知里真志保さんは非常に厳しい人で、あまりにもアイヌ語がいい加減に使われているので、『和人は舟を食う』（北海道出版企画センター、1986年）という本を書いたんですね。私も、テレビでどこかの温泉ホテルのコマーシャルで「カムイチㇷ゚　神の魚」って書いてあった。すぐに「やめろ」って電話して、やめさせましたね。

ユカㇻの話

最近、ブラッド・ピットの映画で『トロイ』(2004年)というのがありましたね。トロイの木馬とか、オデッセイとか何度も映画になっていますね。木でできた木馬で敵の中に入って行って、暗くなったらそこから出てきて敵を全部やっつけてしまう、アイヌのユカㇻも非常に共通性があるんですね。アイヌでもそういう話がたくさんあります。私は1987年からアイヌ語を習ったんですけれども、名前も兼一ではなくて、アイヌ名をシンリッㇳエオリパクアイヌ(先祖を敬う)っていう長い名前をつけられたんですね。

例えば、ベッㇳナムとかニカラグアとか、そういう地名がユカㇻの中にたくさん出てくるんですね。アイヌは別に北海道にだけいたんではなくて、配布した年表にあるように、紀元前1万8000年にアイヌ文化が起こると書きましたけど、10年ほど前にアメリカ西海岸のカリフォルニアで古代アメリカ人、アメリカ最古の人骨が見つかったんですね。

古代アメリカ人ペネルイコラムは、アイヌであるとアメリカの学会で発表されました。アメリカでは大ニュースになった。エクアドル、ペルーでもアイヌ土器が見つかっている。マチユピチュもインカも先祖はアイヌということですね。アメリカインディアンもアイヌ。２万年位前は、ユーラシア大陸と日本列島はシベリアからつながっていて歩いてこれますよね。

アメリカで大ニュースになったもんだから、アメリカから電話が来たんですね。でも日本の新聞には全く載っていない。無視されたんですね。「ペネルイコラムはアイヌ」ということは、日本では認めない。認めなくても、私はそう思っていますから。だからアラスカのイヌイットとかアメリカのインディアンというのは、アイヌと先祖が一緒だと向こうから言ってきますね。私もそう思っています。

これも、ユカㇻを読むと南米の人たちが出てきたり、ベトナムの人たちが出てきたり、黒人まで出てくる。相当広い範囲でアイヌが住んでいたということですね。樺太のアイヌとモンゴルと何回も戦争をしているんですね。１２６４年から40年間で5回戦っています。フビライはアイヌのことを「ク・ウェイ（骨嵬）」と呼んで、アイヌは２回勝っているんですね。モンゴルの船や馬を奪い取ったりしていますね。

旭川の博物館はリニューアルをして、アイヌとモンゴルの戦いを非常に大きなテーマにした。そうすると、札幌にいるおかしな学者たちが「これは嘘だ」「根拠がない」「旭川の博物館は嘘ばかり書いている」って。「北方ジャーナル」に5回くらいの連載で、「1億円かけたお化け屋敷」とか書いている。冗談でない。あそこに行って笹ぶきの家に入ると杉村フサさんの子守唄がテープで流れる。非常に画期的な造りですね。

それを札幌の学者たちは自分が知らない範囲のことを認めたくないんですね。博物館では、最初に入ると、杉村フサさんにそっくりな人が鮭のトバ（半身におろした鮭を縦に細く切って干したもの）を置いて。それから竪穴式住居があって、笹ぶきの家がある。それからモンゴルとアイヌが戦ったコーナーがある。

明らかになってきたアイヌの真実

私は旭川市北門町11丁目に住んでいる。隣が北海道教育大学。斜め向かいが川端町なんですね。川端町に布施さんってアイヌのおじいちゃんがいて、この人が高野観光にアスパラ畑を売ってしまったんですね。そこから鉄が出てきた。川端町にいたアイヌは、マキリ（小刀）とか斧を自分で作っていたということがわかった。それで高野観光は工事が5年間ストップしてしまって。今まで認められていなかったけど、初めてわかったんですね。

その近くのオーツナイ川、今は道路の下ですが、自衛隊が物資を運ぶために4車線の道路をつくりましたけれども、私は子どものころからいつもそこで遊んでいたんです。いつの間にか川の上に道路をつくっていました。あそこで鮭を獲って、マキリも自分で作って、生活していたってことなんです。つい7、8年前ですね。そういうことがどんどんわかってきたんですね。

江戸時代に松前藩のとき、アイヌに日本語を教えると罰せられた。アイヌはコメなどを作ると罰せられた。松前藩がつくったきまりです。ところが新千歳空港の工事をやったら、土器がいっぱい出てきた。竪穴住居があそこに２００あったんです。竪穴住居っていうのは鎌倉時代以前のもの。江戸時代になると柱を立ててチセっていう。

鎌倉時代以前の千歳のアイヌは、米もひえも粟もあった。北海道大学で調べたら土器の中に米も粟もひえもあった。松前藩が来てから、アイヌがコメを作ったら罰せられるということでやめてしまったんですね。そういうことも最近わかったんですね。だから新千歳空港の滑走路を広くするのにえらい時間がかかりましたね。発掘している間、ずっと止められていたんですね。

アイヌの歴史の話ですけれども、東北とか関東にもアイヌがいましたし、鳥居龍蔵[4]は最初に北海道のアイヌを調べて、台湾に行って、朝鮮半島に行って、中国に行って、戦争が終わってから帰って来れなかった。５年くらいたってからほとぼりが冷めてから東大に帰ってきて、徳島に帰って鳥居記念博物館を建てた。徳島にあります。

この人は非常に早い時期に北海道に来て樺太とか千島に行って、東京に帰ったら「アイヌ語の地名がいっぱい東京にあるわ」って。鳥居は悪いけれども、そういう古い時代の記録も残している。私、台湾によく行くんですが、台湾では国会議員が12人、私も今アイヌの国会議員を出すっ

（4）日本の人類学者、考古学者、民族学者、民俗学者（１８７０～１９５３年）。遼東半島、台湾、シベリア、千島列島、沖縄などを調査した。北千島の調査結果をまとめた『千島アイヌ』（吉川弘文館１９０３年）がある。１９６４年、鳴門市に徳島県立鳥居記念博物館が開館した（現徳島県立鳥居龍蔵記念博物館、八万町）。

て言っているんですけれども、最初は台湾の先住民族の国会議員、それで今は12部族の代表がそれぞれ国会議員になっている。

　鳥居龍蔵は字をみるとひどいですね、卑しい部族だとか、漢字の当てはめ方が。台湾に行くとアイヌの漢字が「愛奴」って書いてある。何だこれって。この漢字やめてくれって言ったんです。鳥居龍蔵のときは原住民、部族によって言葉が違うから、日本語を共通語にした。アイヌの場合も方言があります。全く違う言葉になります。旭川で「いい夢」というのが日高に行くと「悪夢」になります。で、鳥居龍蔵さんは「おまえは何族だ」って、原住民は日本語がわからないから何族だって聞かれて、「アミ?（あたし?）」って言ったら「あ、お前アミ族な」って。そんなもんですよ。「わたし」って、「お前、わたし族な」って。そうやって鳥居龍蔵はいい加減なこともしたけど、地名だとかは調べていた。アイヌ語を漢字に当てはめるとちょっと違ってくる。

アテルイとモレの顕彰碑の話

平安時代、桓武天皇とか征夷大将軍の坂上田村麻呂、この人たちのお母さんの墓をみると朝鮮人の墓なんですね。そんなものは当たり前で、朝鮮半島から戦に敗れた者が渡来人として近畿地方にやってきて、大和朝廷をつくって勝手に天皇になった。朝鮮半島から来たのは明らかですよね。桓武天皇のお母さんも坂上田村麻呂のお母さんの墓も後から大急ぎで日本式のものに直したんですね。そんなものはみんな、言い伝えで伝わってますよね。それで神道をやめてインドで生まれ中国人が伝えた仏教を、中国の漢字を借用して、借りもので日本のものにした。

アイヌには文字がないから「劣等」民族だというが、じゃあお前らは文字があったのか。中国の漢字を借用しただけだろう。私はいつも言っているんですね。

桓武天皇は、天皇に従わないやつは「征伐」した。それで西暦789年ころ、東北のアイヌ、みんな滅ぼされたんですね。東北のアイヌは、アイヌとは呼ばずに蝦夷《えみし》といった。天皇に従わないから殺せと。5万2800人による攻撃、『続日本紀』に全部人数まで書いてあります。5万2800人といっても勝てない。毒矢と槍が飛んできて、天皇の軍隊が恐ろしくて武器を捨てて川に飛び込んで、逃げるんですね。戦っていないんです。京都に帰ると打ち首にされるから帰れない。

それで坂上田村麻呂はアイヌのリーダーを京都に連れて行って、和解しようとした。しかしまた「反乱」が起きて、大阪の枚方《ひらかた》で殺してしまった。それで清水寺の中と、大阪の枚方公園にアテルイとモレの顕彰碑がある。これは坂上田村麻呂が清水寺をつくったので、清水寺が責任をもって、アテルイとモレの顕彰碑をつくったんですね。前は小さな石だったんですけど、今は立派な顕彰碑です。

アイヌは、まともに戦えば負けることはほとんどなかったですね。500年前の松前、300年前のシャクシャイン、いつも和解の席で殺されていますね。

旧土人保護法の話

明治2（1869）年に、アイヌモシㇼ（人間の住む静かな大地）を北海道とした。北海道っていうのは松浦武四郎がアイヌ語のあいさつの言葉に漢字をあてて書いた。松前武四郎は、松前藩がアイヌに対して非常にひどいことをしたと日記にいっぱい書いていますね。松前藩の悪行がいっぱい書いてあるけれども、それは全部国立図書館に持っていかれて、都合の悪いところは全部カットされてしまった。松浦武四郎はアイヌの味方をしているということで、徳川幕府から隠密があって、命を狙われたんですね。武四郎は三重県に帰らずに江戸に行って、親が死んでから5年という時間をおいて、それから武四郎日記を出版するんですね。武四郎は北海道の地名をつけるときにも、こっそりとわからないようにアイヌ語を使った。

そのあと、旧土人保護法が明治32（1899）年につくられたんですけども、当時北海道大学は札幌農学校。ここにウィリアム・クラーク、ホーレス・ケプロン、新渡戸稲造、そういう人たちが北海道大学をどうするかを考えるんですね。ホーレス・ケプロンは元軍人ですね。みんなマサチューセッツです。マサチューセッツは先住民の言葉で「大きい丘」です。マサチューセッツから来たケプロンと新渡戸稲造。新渡戸というのは明治の札幌農学校で植民学と農政学を教えていた。アイヌは植民地になったから、次は朝鮮半島、中国、インドネシアを植民地につくろうと、植民学と農政学を教えていた。とんでもない野郎ですね。

アメリカでは、先住民族をどうしたら同化させられるかということで、「ドーズ法」という法律をつくった。東の豊かな土地から中西部、西の方、西の方と荒れ果てたところに追いやって、言葉も宗教も禁止して、教会に通わせて、儀式も全部禁止した。それでも従わないやつは、ラム酒を飲ませて、アルコールによって無気力にしてしまった。それでもいうことを聞かないやつは「天然痘で殺してしまえ」と。映画にもなりましたね。昔は500の部族がいたけれども、300が滅ぼされて、今では200しか残っていない。先住民族それぞれにインタビューするんですね。フランクリンによって天然痘で殺されたと。「ドーズ法」ですね。だいたい明治時代にアメリカでも「ドーズ法」がつくられて、リザベーション（居留地）に押し込めて、アリゾナとか砂漠地帯ですね、農業なんてとてもできないところで。当時汽車の窓から鉄砲でバッファローを殺すのが遊びだったんですよ。それで先住民族の主食であったバッファローが絶滅寸前までいったんですよ。そういうことがアメリカであった。

砂漠地帯では、羊を飼ったり、トウモロコシを植えたりして、やっと生活をしていた。しかしアリゾナの先住民族の土地からウランが出た。東京電力は今アリゾナウランを買っていますよね。みんながんになって死んでしまったんですね。そうやってアメリカの先住民族もどんどん西の方に追いやられて、言葉も奪い取られたんです。それをそっくりまねして、旧土人保護法をつくった。旧土人保護法は、農業に従事するならば土地を1万5000坪貸し与えるから、15年以内に開墾して収穫を上げなさい。商売やる和人は優遇されている。膨大な土地を優先的に与えられる。

私たち北海道のアイヌは、たった1万5000坪。ところが旭川のアイヌは、札幌の第七師団が蝦夷地をロシアから守るために来たんですね。私たちは地図まであったのに1万5000坪の土地の5分の2を取り上げられるんですね。師団の前にアイヌ部落があると「見苦しい」ということで、私たちは1万5000坪を3000坪にさせられたんですね。北門町、西町、緑町、近文50世帯、石狩川沿いのアイヌはみんな強制的に移動させられたんです。それで土地を返せということを札幌の裁判所に訴え、8年間闘ったけれども、結局負けてしまった。

おかしいことばかりなんですよね。例えば伊達にはアイヌがたくさんいるんだけれども、近くに大きな工場があって、近隣に住むアイヌに配当金として何万円も毎年お金を送ってくる。伊達アイヌは「なんでだろう」って。そしたらいつの間にかアイヌの土地に大きな工場ができるんですね。工場の方は近くのアイヌに配当金をくれるんです。おかしいでしょ。そういうことばっかりなんですよ。そのころ明治時代のアイヌは、字も読めない。日本語もほとんどわからない。それをいいことに土地をちょろまかされている。それを明らかにしろと言って私は闘っているんだけれども、結局、北海道も認めたくない。170万円はそのままですね。私にも杉村さんにも、「受け取りなさい、受け取りなさい」って毎年手紙がくる。受け取ったら終わりだから、絶対に受け取らない。受け取りを拒否する。

先住民族としての権利の話

私はですね、琉球とアイヌは、日本の先住民族として認められたんですが、先住民族としての国連が定める権利、言葉をとりもどす権利では、まず小学校から大学院まで学校をつくってほしい。1週間にたった20分のラジオ講座をやったって覚えられない。大学では、言葉も、造形も、歌も、踊りも、総合大学としてアイヌのことを勉強できるようにしてほしい。

98年間、私たちはアイヌ語を禁止されてきたんですから。それを先住民族と認めたんだから。NHKで「アイヌ語でしゃべらナイト」という番組を放送してほしい。「英語でしゃべらナイト」という番組はやってますけどね。英語なんてそんなものはいいんです。

もともと日本にはアイヌがいたんだから、アイヌ語を優先してほしい。NHKに言うと、「需要がありません」って。放送大学も「民族という授業でアイヌ語はやってますよ。中川教授が」と。俳優の宇梶剛士とか、アイヌの講師が出てアイヌ語をしゃべらないと。日本の学者がしゃべるなって。今、若い人はアイヌ語をマスターして、しゃべれる人がいっぱいいるんです。そういう人を講師にしてやるべき。宇梶剛士なんて俳優では結構売れてるのに、ノーギャラでアイヌのDVDに出ていますよ。

それから、住み慣れた場所を強制的に移住させられているんですね。海岸の魚を獲りやすい場所が、みんな日本の漁師たちが来て。例えば利尻島では、明治の初め、そこに住んでいたアイヌを皆殺しにして海岸が真っ赤な血の海になった。3代先の人々がアイヌを皆殺しにしたんです。なぶり殺しにしたんです。そこに行って先祖供養をやってもらいたい。殺した人の子孫が私に言ってくれたんです。魚の獲りやすい場所はみんな日本人が占領してしまった。

この辺の永山だって、うちは沢があって川があって、「農業をやれ」って言ったらできるわけです。ただうちの父親は農業をできなかったので、鉄道の測量技師をやった。杉村さんのおじいちゃんもうちの父親と同級生で樺太・北海道で測量をしていたんですね。アイヌはどんな山の険しいところでも、熊が出ようが、平気で測量をやったんですね。

私たちとしては、先住権にともなう国連が定める権利。新渡戸稲造が言ったように植民地にしたのは間違いない。北海道アイヌも東北アイヌも、樺太アイヌも。札幌に来て、謝罪しろと。アイヌを植民地にしましたと、札幌に来てアイヌの前で謝罪しろと。

前に旧土人保護法の時に、橋本首相が東京の内閣でウタリ協会（当時）の代表3人の前で、「申し訳ありません」と謝罪した[5]。でもアイヌ3人の前ではだめですね、北海道には10万人いますから。10万人いて、北海道アイヌ協会の会員がたったの3000人という。あと9万7000人は一体何をしているのか。アイヌと名乗ると差別されるから名乗れない。14年前、アイヌ協会会員は2万3000人。ところがアイヌ文化振興法ができても、アイヌ語を勉強する余裕もない。生活が手いっぱいです。文化法なんかができてもありがたくない。貧しいアイヌはそのまま貧しい。それで2万人が脱退してしまったんですね。10万人のうちアイヌを名乗っているのが3

000人しかいない。情けない。東京には1万人いますけれども。こないだ内閣が北海道外のアイヌの実態調査をしましたけれども、[6]名乗り出たのはたったの200人ですね。アイヌと名乗ってもろくなことがない。差別されるばっかりだと。だから私たちはNHKで「アイヌ語でしゃべらナイト」をやって、アイヌの大学院もつくって。

おわりに

札幌の大学では、プロジェクトのひとつとしてアイヌの子どもたちを集めてアイヌ語の勉強をしている。卒業したら就職も世話する。公務員にでもなれるのかな、と思ったら、アレフのびっくりドンキーだけでした。びっくりドンキーの社長はアイヌに理解がある。そういうこともやっていますけどね。もうちょっとね、せっかくアイヌ語を習っても就職先がないのでは困る。去年も2回、内閣にいって私たちの要求を受け入れるようにと署名を持っていきました。

(5) 1997年に北海道旧土人保護法が廃止され、代わってアイヌ文化振興法が制定された。ウタリ協会の幹部は当時の橋本龍太郎首相と梶山静六官房長官に、法律制定の礼のため面会に行き、そこで橋本首相から過去の経緯を含め施策が遅れたことについての謝罪があった。

(6) 2010年にアイヌ政策推進会議（内閣官房アイヌ総合政策室）によって実施された「北海道外アイヌの生活実態調査」。報告書によれば個人調査でアイヌの血縁について回答したのは210人。

アイヌ協会が、今求めているのは、白老町にアイヌの慰霊施設を100億円でつくること、そんなもの私たちは要らない。北海道大学、札幌医大はアイヌの人骨を盗んだんですね。札幌医大にも200体、北海道大学は1000以上あります。それはアイヌの墓から盗んだんです。人骨を。それを慰霊施設と称して是認しようとしているのだから、やめてもらいたい。

5

アイヌ民族の今

〔2011年9月17日　函館での講演〕

結《ゆう》城《き》幸《こう》司《じ》

【プロフィール】

◈アイヌアートプロジェクト代表

◈版画家、木彫作家、ロックシンガー

◈12ヶ国の22の先住民の代表をふくめ1500人ほどが参加した「先住民族サミット」アイヌモシㇼ2008において、実行委員会事務局長を務め、先住民族の人権および民族自治権に関した「二風谷宣言」の採択に尽力した。

はじめに

どうもこんにちは。結城といいます。よろしくお願いします。子どもの頃から「先生」と呼ばれる人の前だと緊張するタイプで、今日はどんな支離滅裂なことを話してしまうか心配しています。

僕は、札幌から定山渓《じょうざんけい》に行く途中の小金湯《こがねゆ》というところにある札幌市アイヌ文化交流センター、通称「ピリカコタン」というところで授業、アイヌ文化体験をしています。その授業の最初に少しおまじないをします。僕はその儀式を通じて、自分の中の心を戒めています。その儀式をしたいと思います。

みなさんは「アイヌ文化に詳しい」という情報がありましたので、お恥ずかしいのですが、アイヌのあいさつ、「イランカラプテ」をしたいと思います。(黒板に文字を書き)書き順が間違っていても指摘しないでください。アイヌは文字を持っていませんから、必ず子どもたちに「イランカラプテ」と言う言葉から伝えます。一般的には「こんにちは」とかいうような意味だけど、単純にそれだけを教えるのでなく、この言葉の意味、とても大切な意味があって、僕はよく使います。

「イランカラプテ」の大事な意味

「イランカラㇷ゚テ」のイ。これは、イヨマンテとかアイヌ語でイが最初につくと敬意を表す。あれとかこれとかという言い方もするのですが、敬意を持った相手に対して、例えば今日初めて会った人たちに先生と呼ばれる人たちも沢山いるし、アイヌは敬意を表す。子どもたちにもですね。アイヌのルールでは、「初めて会った人の名前を呼んではいけない」「いきなり、人を名前で呼んではいけないんだよ、言い伝えがあるんだよ」ということを説明します。「イランカラㇷ゚テ」のイは、「あなた」という意味です。ランは「ラㇺ」とンを小さく噛むように発音します。ランというのは、「心」。カラㇷ゚というのはいろいろなところで使いますが、この場合は「触るもの」。ラㇷ゚テというのは、丁寧な言葉で「くださいな」という意味であります。かの有名な、国会議員にもなられた萱野先生は、「あなたの心にそっと触らせてください」と訳しています。

そして、子どもたちに、「『あなたの心に触らせてください』ってあいさつがあるけど、友だちの心に触ってみて」と言うと、胸のところに手をあてる子もいるのだけども、心には触れないと気づく。このことで子どもらの興味を引くんですね。なぜこの言葉が生まれたんだろうと。

僕は今アイヌ文化のいろいろなこと、音楽をやったり、文化を通じて主張をさせてもらったりしています。そんな僕はその昔、アイヌはそれほど好きじゃありませんでした。うちの親父というのは解放運動を1960年代～80年代に一生懸命やった方なんですが、その親父への反発もありましてですね、なかなかアイヌ文化というものを受け入れなかったんですね。

亡くなった萱野さんが「イランカラㇷ゚テ」という言葉を「あなたの心にそっと触らせてくださ

い」と言っていて、当時の僕は「なんてきざな言葉なんだろう」「いきなりそこから始めるのか」とか、ちょっと反発もありました。世界をスネてみていた僕にとっては、とても使いづらい言葉だったんですね。

でも、自分の子どもが生まれ、男の子同士がよくゲームでケンカして、急に「殺すぞ」と言うんでビックリしたり、次男坊がぶつぶつと「やってやった、ざまあみろ」と言っているのを見ると言葉の持つ大切さを考えるようになりました。「じゃあ、自分はどうだったか」自分もそれほどまじめな学生ではなかったんですが、「殺す」なんて言葉はなかなか使いづらかった。相手とケンカをしても、「やんのかよ」というのはあっても、「殺す」なんて言葉は使わなかったです。自分の息子が簡単に「殺すぞ」と軽く使っていて、言葉っていうのを考えるようになったんですね。

文字を持たないということ

そんな時、あるおばあちゃんに出会いました。「イランカラㇷ゚テ」の言葉の意味、「あなたの心にそっと触らせてください」というこのすてきな表現は、年を重ねるとわかってきていました。そのおばあちゃんから、「私たちは文字を持たない民族ですので、あなたの本当の心を見せてくださいということなんです。アイヌ語の素晴らしいところは、投げかけたら自分もそれに対する言葉をちゃんともたなければならない。つまりあなたの心に触らせてくれってことは私の心も触ってくれ、本当の心を見せることなんだよ」と、そんな言葉をもらったんですね。

このおばあちゃんは、それほど有名なアイヌの方ではないんです。「文字を持たない」ということをこんなに誇らしげに言うその人の姿に、僕の考えはがらっと変わったんですね。

僕はアイヌが文字を持たないことにそれまで劣等感を持っていました。アイヌは原始人とか未開の民族だから文字を持たないと自分でも低く見ていたところがありました。ところがそのおばあちゃんが言うには、「文字なんか必要ないんだよ。本当の心を見せ合うことで、人間は暮らしていけるんだよ」と意味を教えてもらって、この言葉をとても大好きになったんですね。だから、いつも小学生に「イランカラプテ」のあいさつからはじめ、アイヌの文化の紹介をすすめていくんです。

アイヌという言葉

文字が必要でなかった？　みなさん知っていると思いますが、一般的にアイヌという言葉、イコールただの「人」と訳するだけ。イヌイットも世界の先住民でもアラスカのトリンギットという民族もみんな人と訳される。なぜ「人」という言葉を使うのかということを考え、いろいろな本を読んで出した結果が、人間というと対象が日本人なのか、ロシア人なのかと考えたりもしましたが、違うんですね。アイヌには「カムイ」「カムイウタㇻ（神々）」の世界がある。アイヌの言葉に「アイヌ・ネノアン・アイヌ」、つまり「人間らしくある人間」という言葉がありますが、「ひとつの地球のポジションとして自分たちが人であるという自覚とともにある」ということです。だから神々に対して、自然に対して、敬意を持つ。すごい哲学的な大きな言葉だったんですね。大きな言葉なんだけど、カタカナに落としてしまったら地球のポジションとしての人間という言葉の高い尊厳が外れてしまって。

子どもというのは時として残酷だったりしますからね、3文字だから「あ、イヌが来た」とか「あ、イヌである」とかね、僕ぐらいの年齢の人間は経験していない人間はいないんじゃないんですかね。まあ厳しいですね、アイヌっていう言葉が。でも、教育の中にも尊厳がある。例えば「アイヌはどういう人間なのか」「カムイってなんなのか」など、自然の神々からいろいろな哲学を学びとり、そして人間らしく生きるって、そこまでの教育になってほしいと思うが、残念ながらなっていないし、まだ僕には見えてない。僕の子どもに聞いても「あ、イヌが来た」って差別はもうないみたいですけど。

幼少の頃

僕は1964年4月生まれですね。釧路の春採《はるとり》というところに生まれました。もちろん釧路も

きました。

「クスリ」というアイヌ語、「ハルトリ」もアイヌ語です。小さい頃はそんなことは意味も知らない。実はアイヌ専用保育園があって、専用と言っていいかわからないですが、アイヌの子どもしかいなかった。銭湯もアイヌの人しかいなく、それを僕は普通の環境と思って幼少期を過ごしてきました。

ただひとつだけ、僕が見る世界の中で違う物が入ってきたなと思った瞬間がありました。小学校にあがった時だったと思いますが、明らかに僕らと様子が違う。アイヌは眉毛が太く、色が黒くて目がクリッとしているんですが、それとは違うとっても美しい人でした。色も真っ白でですね、目がすきっとしてて。僕の初恋なんですけどね。（会場：笑）

釧路の春採というところはですね、水産会社が沢山あるところで、普通の日本人の方も住んでいました。そこの女の子に恋をした。持っているものも違いましたね。僕らが保育園にいく時は、ちり紙とかハンカチとかは持って行かなかったですけど、僕の初恋の女性はきれいな薄い飛びそうな美しい千代紙を持っていて、僕はそれまで見たことがなかったです。僕らはちり紙だった。それが、僕の異文化との出会いでした。小学校はいろんな地域からたくさんの子どもらが来ていた。

小学校時代は、周りは日本人ばかりで、ほとんどアイヌはいませんでしたね。そこで初めて「あっイヌ」と、いじられることがあったかなと思います。

父結城庄司のこと

僕は、特殊な環境にいたといえます。先ほども言いましたが、結城庄司というのが僕のお父さんです。アイヌ解放運動家です。今、僕が最も尊敬するアイヌです。

1960年代から80年代を語っていく時に、アイヌだけでは語れないと思います。その時代の世相って何だったんだろうとよく考えます。今は歴史年表はダブル表記で、アイヌと日本の歴史というのがあるんですが、近代史については並べて記していないんですね。隣の文化なのだから、必ず影響を受けているはずなんですよね。近代の歴史というものもちゃんと並べてほしいと思います。

その1960年代から80年代の終わり、みなさんが知っているかどうかわかりませんが、日本の中にも、60年、70年安保と呼ばれた革命的な流れがあって、学生運動もその中で生まれてくる。左翼運動家、赤軍派運動家といった方々が出てきます。そういった方々は、日本国中でいろんな事件を起こします。事件というか、彼らの情熱もあったと思うんですが、その情熱の糸口が例えば爆破事件とか、さまざまな事件を起こしてしまいます。そうした中で、僕の親父もアイヌ解放運動を始めるんです。影響があったかというと、多少はあったと思います。太田竜さんとか、左翼の大物が来て「中央に向かってモノ申そう」「アイヌの誇りを持て」とアジったと聞きます。それに僕の親父は影響を受けたのかも。僕の親父がやったのは、阿寒とか釧路とかの自分と同じ同世代の若いアイヌを集めての解放運動だったのです。でも、その左翼の、アイヌじゃない運動家の人たちが事件を起こすと必ずどうなっていくのかというと、何があっても僕の親父のところに警察が来た。

僕が覚えている小さな物語なんですけど、よく家にパトカーが来ていました。パトカーには必ず二人のお巡りさんが乗っていたんですね。一人のお巡りさんは後ろに乗っているんですけど、そこから降りてきてですね、グローブなんて無い昭和40（1965）年ごろ、ニコニコしながら、「幸司君ちょっと浜まで行こうか」と言ってですね、キャッチボールをしたんですね。見たことない道具とか、ピシッとしている制服姿とかですね、そういったものを見て、逆に優しくて強そうなそのお巡りさんのことを、僕はすごい憧れを持って見ていました。でも、実は後から聞いた話なんですが、残っていたお巡りさんが1、2時間の間に親父を警察に連れて行って事情を聞いていた。取り調べです。もちろん、アイヌが爆破事件を起こしたなんて事例はひとつも無いんですよ。僕の知る限りでは。でも何か事件があると親父が疑われたんです。だからといって解放運動をやめるタイプではなかったですかね。やられたらやり返すという強い心を持っていましたから、デモ行動や言論でそれを示しました。

でも、立ち向かえば向かうほど、返す波も大きいですよね。ちょうど僕が小学校に上がる直前だったんだと思うんですけれど、そんな親父にお袋がついていけなくて、離婚をしました。それはそうです。お袋は日本人です。日本人が解放運動とか、警察がしょっちゅう来るような環境の中で耐えられなかったのかな。今大人になって思えば理解できますね。お袋が出ていった後に僕を育ててくれたのが、結城ヨシという僕のおばあちゃんです。

それでも親父の中では解放運動、アイヌの誇りを取り戻そうという運動は止まらなかったです。3日間……1週間帰ってこないなんていうのはざらでした。今僕は親父に対して尊敬の心を持ちますが、ひとつだけ親父が残したトラウマがあります。それは夜の怖さです。親が二人ともいなくて、ご飯は親戚のおばさんや近所のおばさんが作りに来てくれたんですけど、なぜか僕ごと預かるっていうことはなかったですね。当時の家は広くて、夜になると真っ暗で、窓の外を見たら「何かいるんじゃないか」、波打ち際の音がすると「魔物が来たりするんじゃないか」と考える。子どもの想像力というのは豊かですから。夜は電気を消せないんですね。おかげさまで、今は家族7人で賑やかに寝るんですが、たまに今日のように旅に出て、ホテルで一人になってしまうとビビってしまうんですね。自分の中のどこかに残っているものがあるんだなと。もちろん今は、寝られないということはないんですけど。子どもの頃背負ってしまったモノだなと。

神奈川の頃

僕は、神奈川のおばさんのところに預けられたんです。神奈川のおばさんもアイヌです。集団就職によって神奈川の瓦を作る工場で働いていました。「金の卵」としてではなく、アイヌ差別から逃れたかったんです。北海道にいても就職、結婚差別がある。

アイヌを意識しなくていい社会に出て、結婚はしないと中学校卒業した頃から思っていたそうです。アイヌなんて結婚しても、ろくなもんじゃない。彼女の心に深くありました。その彼女に僕は育てられたんです。小学校2年くらいから神奈川県の相模原の橋本というところで育ちました。

僕は、親父にアイヌということを誇り高く教えられていたので、神奈川の小学校に行っても、「自分はアイヌだ」と言っていたらしいです。大人になり何十年ぶりかで会った友人が言っていましたね。でも、「何のことだかわからなかったよ」と言われました。

それと同時に神奈川の相模原というところは、工業地帯のベットタウンのようなところで、台湾や沖縄の人たちも住んでいて、異文化が混じりあっていた。だから、僕が「アイヌだ」と言っても何も起こらなかった。ただ顔が濃かったので、ついたあだ名が「ゾンビ」「ドラキュラ」です。（笑）僕は反発心が強かったので、小さないじめも乗り越えました。僕の中のアイヌはそんな風に残り続けました。

親父は年に何回か来ました。今思い出すと小学校3年の頃、釧路からやってきて「幸司、元気か。すごいプレゼントをやるよ」と言って、それを聞いて当時流行っていた野球盤か何かかなと期待しましたが、初めてのプレゼントが、リンカーンの本でしたね。読んでも全然おもしろくないんですよね。どきどきもワクワクもしませんでした。アイヌ解放運動をやっている父らしいなという感じですね。親父が持ってくるものがおもしろくなかったですね。今となれば伝わるけれど子どもの僕には意味さえわからなかった。

アイヌに反発していった頃

親父は70年代、80年代、激しい解放運動に取り組みます。日本全国も学生運動、社会運動などがやられていた時ですね。その運動と同じく高まっていきます。僕と会う時間もどんどんなくなっていきました。会う時間がなくなっていくほど、僕の中の反発心は大きくなっていきました。「家庭を捨ててなんでアイヌ解放運動をやって、なんなのか」、そうやって僕はアイヌに反発していくようになります。

でもたまに、NHKの朝の農村というような番組で北海道が紹介されると、「アイヌが紹介されないかな」と、心のどこかでは考えていました。その当時のNHKでアイヌを特集するということは考えられなかったのに。

親父とはその後10年くらいは会わず、18歳の時に会いました。僕が暴走族をやっていて、捕まった時ですね。当時、暴走族は最盛期でブームっていうのかな、うまくいっていない子どもたちはみんな暴走族になるような世相でした。一応リーダー格で集会をやっていたんですね。ところが、暴走族に対してどんどん法律が厳しくなっていて、凶器準備集合罪とかいろいろなものがついて、僕は見事に渋谷の方で捕まりました。渋谷署に連行された時、調書に「結城幸司」と書くと、お巡りさんに「おまえ結城庄司の息子か」と言われ、「昔、北海道にいた時にお前の親父頑固でなあ」と言われました。その後、かの有名な練馬鑑別所に入りました。暴走族でしたから、少年院を覚悟していたんですが。

鑑別所でのこと

その鑑別所にいた裁判官から一冊の本を贈られたんです。『八甲田山死の彷徨』（新田次郎、新潮社１９７１年）でした。その本を読むと罪が軽くなるのかなと思い、一生懸命読みました。そして裁判当日に裁判官から感想を尋ねられたんです。ズルさをもっていた僕はあらすじを言って素晴らしい本だと答えればいいのかなとか考えてたんですが、そうじゃなかった。

「『八甲田山死の彷徨』の裏側にあるアイヌ文化はご存じですか」と言われたんですね。知るわけもないですね。

その八甲田山に死体回収に誰も行きたがらなかった。そんな時、軍隊から一人のアイヌが任命されたんですね。弁開凧《べんかいたこ》次郎《じろう》という人でしたが、八雲《やくも》にいる方で、その方がリーダーになって、他のアイヌを連れていったかどうかはわからないのですが、日本の兵隊を引き連れて見事ご遺体を回収して帰ってきた。

なぜその本を裁判官が僕に渡したかと言うと、親父がしていた仕事がその凧次郎の調査だったんですね。どこから手が回ってきたかわからないんですが、その本を読んだことが特例中の特例で、少年院に行かずにすんだんですかね、なぞのままの少年裁判でした。

その裁判官が言うには、「あなたたち民族は誇り高き民族です。決して自分で卑下するものではないですよ」と。僕は卑下してはいなかったんですが、「はい、そうですね」と答えておきました。

裁判所を出ると親父がいたんですね。殴られるかなと思ったんですが、親父は目に涙を溜めてました。でも親父とその時点で和解したわけではないです。その場を逃れられればいいという考えの情けない青年でしたから。

父の死のこと

親父と別れた後、高校も中退になり、いろいろありました。18歳の時に絵描きになりたいと思って家出をしました。当時ニューウェーブ、ポップアートといわれるアートが流行っていて、暴力的でとても心が荒んだものを表現するところが大好きで、小さい頃から一人でいる時の、パートナーが絵だったものですから、絵描きに憧れていました。

そしてニューヨーク・ソーホーに行こうかと考えていた時に結城庄司が、僕が19歳の時にですね、命を閉じました。42年間の命を閉じました。それを新聞で見たんです。東京の新聞の家出欄で。北海道でお葬式がありました。東京でも告別式がありました。僕は名乗ることができなかったですね。逆らって、逆らって、いたので。ただ告別式には行ったんです。遠くから、ばれないようにして見ていました。

そこで見た光景は、親父を表していました。親父は、しょうがいのある方の運動や部落の運動と連帯したりしていました。告別式で車イスの方が人に押されて親父の祭壇まで行こうとした時に、「自分の力で行く」と言ってですね、祭壇まで行って、親父に最後のあいさつをしました。

その光景を見た瞬間、その場で号泣して、「自分はなんて愚かだったんだろう」と反省し、三日三晩泣いたかな。親父の心の運動、大きな意味を知り、まじめになりました。

『アイヌ宣言』との出会い

その後、会社に勤めました。ちょうどバブルの時代で、そのバブルがまた僕の心を歪めるんです。僕みたいな学歴の無い人間でも雇ってくれる時代で、負けん気は強かったので営業成績は良かったです。常に財布に70万、80万入っていましたからね。人間おかしくなりますよね。10年間働きました。その後バブルが弾けて、僕の働いていた会社も、いいことばかりをしていたわけではなかったので、倒産して、僕は社会に投げ出されました。その後、建設業で働いたんですが、世界がまるで違って、いろいろ苦労しました。もう一回、自分の生き生きしたハートを取り戻すためにさまざまな本を読みました。カーネギーとかユング、フロイト、マーフィー……。マーフィーなんていうのは「眠りながら1億円を稼ぐ方法」、そんな方法あるのかなとか。でも、どれも自分のものにはならなかったです。コンビニの栄養剤じゃないけど、その時だけ元気になって、自分の中でしっくりしなかった。

自己啓発本を読みあさって、最後に出会ったのが、その名をずばりアイヌの本と言いたいのですが、インディアンの本だったんですね。自己啓発本をずっといくと禅の世界だとかが出てきて、カウンターカルチャーで先住民の世界が出てくるんです。

何となく読んでいたら、その中で僕がおばあちゃんから教わってきたことと変わりがないことが書いてあって、懐かしかったです。ネイティブアメリカンの世界かもしれないけど、ベカンベ祭り、おばあちゃんから聞いていたイヨマンテの話とさほど変わらない世界がその本に書いてあった。

それがきっかけでいろいろなことに目覚めて、結城庄司が１９７０年代に出した『アイヌ宣言』（三一書房、１９８０年）という本を読んでみた。その本の中で親父が社会と向き合い、闘い、自分と闘っていた姿を見ることができました。そこで、初めて僕は、自分の中のアイヌと出会いました。20代後半でした。社会とは、アイヌとは何なのかと自分の中で学んでいきました。

当時のアイヌ（の活動）は差別が中心で、特に東京は、それが中心でした。僕の中のアイヌは、おばあちゃんの踊りであったり、着物であったりと、少し違うものでした。当時はアイヌ＝差別で、「人権」なんて看板みたいなものでした。

それに対して僕は、「本当にこれでいいのか」「もっと大きなものがアイヌ文化の中にはあるのではないか」と思いました。でも当時も、そして今だって、アイヌ＝差別、「人権」という看板はどこかにはあります。それはそれで、大切なことかもしれませんが、講演のはじめに話したアイヌの言葉に辿り着かないといけないと思いました。

北海道に戻って

沢山の出会いがあって学ばせてもらいました。

僕が北海道に戻ってくるきっかけとなったのは、２０００年にイタオマチㇷ゚という200年前の13メートルある海用船の復元でした。それで北海道にやってきました。それまで大嫌いだったアイヌが大好きになって、自分の居場所となっていました。

しかし、北海道のアイヌはきっと、堂々と自分の文化を誇っていると思っていたんですが、全然元気がなかった。北海道民もアイヌのことをすごく知っていると思っていたんですよね。ところが出会う人、みんな、アイヌに触りづらそうにして、アイヌ文化なんてちっとも知っていませんでした。

ある時、札幌の大通で踊っていたら国籍は聞かれるし、「パスポート出せ」とか言われるし、どこに住んでいるのかと聞かれました。つい10年前ですよ。まじめに言っているのか、いじめで言ってるのかと思ったくらいですね。それほど北海道の人たちはアイヌのことを知らなかったし、北海道のアイヌたちも生き生きしていなかった。僕は東京にいる時に、自分たちが作った船で国後島に渡りたいという夢を持ちました。これはすごいと思いました。自分たちの作った船で、命がけで文化を体験できると。

ところが船が出来上がったら支笏湖でちょこっと浮かべて、博物館に展示されてしまいました。でも、そのショックを受けて仲間と話し合い立ち上げたのがアイヌアートプロジェクトです。「今を生きる」ということを主体にしたいなと思いました。それから10年経ちました。

北海道に来て思ったのは、北海道の人は同じ土地にあるもうひとつの文化なのに、なぜアイヌはさわりづらいのか、なぜアイヌのことを考えないのか。そして、アイヌはなぜ主張しないのか。

若い人たちはアイヌ文化について、「素晴らしい」と言ってくれるんですが、年配の方がなかなかアイヌ文化を受け入れてくれない。生涯学習で講演をしたことがあるんですが、そっぽを向いて話を聞いてくれない、野次まで飛んできました。「なんで今更、アイヌなの」とか、平気で言うんです。本当ですよ。年配の方、意外と毒持っていますから。そんな中、90歳くらいの開拓民の三世の方が「うちのおじいさんは、アイヌの人から船の作り方や、冬の過ごし方を教わったんだよ。だから僕はあなたの言うことはわかるよ」と言ってくれました。

そこでいろいろな話をしていて、ひとつだけわかったことがあります。人生の終盤を迎えている人が、「すごいアイヌ差別していたんだよ」なんて言うわけがないということです。「自分は差別した者として生きたくない」と考え、「開拓を侵略ととらえられない」ということです。それは理解しますが、「今更アイヌ」という言葉はショックでした。でもね、あるおじいさんが本音を言ったんですね。お酒を飲んでいて。「そんなこと言ったって、お前らアイヌは、昔仕事もしないで、道ばたで酒飲んで寝転んだり、暴れたりして、しょうがなかっただろう」と。そう言われれば、子どもの頃、そういうおじさんいっぱいいたなと思い出しました。

旧土人保護法がもたらしたもの

それで、一体その状況ってなんだろうと考えました。なぜそうなったのか。「旧土人保護法」というのが近代のひとつの区切りですね。言語などは禁止はしなかったけれど、アイヌがマイノリティーになって、アイヌにとって生きづらいマジョリティーの世界が広がっていったんです。一番大事な主食の鮭など獲れない、狩猟もできない。そんな中、文化を繋げって言ったって繋げるわけがない。法律の下に統一されていく。例えば、自分たちの大切な入れ墨。シヌイェといいますが、淑女、カッケマッといわれている人がやる素晴らしいものなんだけど、そういうものも禁止されていく。生きにくい社会。でも、新しいルールに則り、稼がなきゃアイヌも食えない。

アイヌの男たちがマジョリティーの社会に出て行く。だけど、アイヌのことは理解されない。ましてや士農工商・「穢多」・「非人」といって、当時差別を引きずっていた人たちの中に、最下層である「旧土人」がやってきた訳ですから、それは馬鹿にするし、人間として扱わなかったかもしれません。

そこで男たちの前に酒が出てきたんですね。アイヌは酒飲みと言われますが、元々酒という言葉もなく儀式で使うくらいでした。実は輸入されたものなんです。自信のないアイヌの男たちが酒に溺れ、そこから先、家庭内に暴力を持ち込んでしまう。これは世界の先住民、みんなそうです。でも日本のアイヌが助かったのはドラッグがなかったからなんですね。アボリジニでもネイティブアメリカンでもドラッグの世界が始まっていったらしいですけど。

自信のないアイヌの男たちが酒に溺れ、そこから先、家庭内に暴力を持ち込み、夫婦間であればまだいいのですが、それを子どもに見せてしまった。ドメスティックバイオレンスや仕事がないこと。酒に溺れた大人たちがいる時代。これも一つのアイヌ文化なんです。僕はそう思っています。

「アイヌ」を名乗らない世代

そして、その子どもたちも社会に出て行きます。子どもたちにとっての最初の社会は学校です。

けど。

「あ、犬がきた」

学校教育の中でうまくアイヌを説明できていなくて、まだ身分制度が明確に見え隠れする社会。子どもたちが一番傷つく場所が、ここなんですね。だから子どもたちは、最もアイヌという言葉を憎むんです。これが近代のアイヌ社会の構造なんです。学校の教育の中で、日本人にアイヌの歴史が教育がされていて、アイヌたちにも伝承されていたら、これは変わっていたと思うんですけど。

なにせ、日本人は公民。「旧土人保護法」というのは「天皇の子にお前たちも一緒にしてやるから、土人を卒業しろ」という意味があったと聞きます。だからそういう意味で、日本人化を促進する社会は歪んでいきますよ。この子どもたちの世代が父や母の世代なんです。

そうして、「アイヌを名乗らない世代」が出来上がったんですね。名乗ると暴力に感じるんです。言葉が。尊厳高いと言われていた言葉が。それは本当に今でも悲しいですね。僕は歩いていたら、同胞はすぐわかるんです。函館にも何回も来ていますが、アイヌの子だろうなと思って見ていると、僕の濃い顔を見て目をそらす。未だにそうですね。そんな中で、先住権とか出てきても僕らは複雑ですね。その子どもたちの子どももアイヌを名乗らないし、知らずに育つ。うーん。

でも、先生や北教組の努力もあると思いますが、差別・人権の分野では過去のようにきつくはなくなってきたと思います。その分野では、日本はすごく努力したんだと思います。国際社会にアピールできるくらい。まだ、残ってはいると思いますけど。

環境を語る世の中に

アイヌにもチャンスが巡ってきました。それは世界的に環境を語る世の中になってきたこと。先住民族のように、自然とともに生きるとか、高度経済成長期を見つめ直す。先住民は自然とともに生きてきましたから、その自然と生きる哲学を知りたい、学びたいという人たちが現れました。アイヌ文化に対しても、その兆候が見てとれる。とくに今の原発のように、自然だけでなく人間をも破壊する社会を疑問視する人が増えています。これにはアイヌもしっかり声を上げていかなくてはと思っていますし、自然を語れるのはアイヌ文化の力だと思っています。そういったことから、人権の部分、文化の理解が進んできたかなと思うんですけど。

ネット社会の暴力

ただ問題も残っています。ネット社会であること。

先住権も見えてきた。人権の部分でも努力してきた。アイヌたちが「差別、差別」と訴えなくてもいい社会になってきている中で、ネット社会の言葉の暴力。僕たちの世代は2ちゃんねるとかはやらないんですけど、子どもたちがアイヌと出会うきっかけが、親のアイヌの姿ではなく、ネット社会からかもしれない。

そのネット社会の中で、アイヌは理解されていない。例えば、新聞に「アイヌ優遇措置」とか「アイヌに100億円」とか出るとですね、ネットでは「なんでアイヌだけなんだ」「仕事もしないし、こいつら税金払ってないだろう」とか、あげくの果てには「アイヌ一人に1200万払われている」って。僕、1200万円もらっていたら、ここに来ていませんよ。本当に。のんびり版画をやって暮らします。

最も悲しいのは、アイヌの中からもアイヌに対して疑問を持つということ。ネットの影響で。今、一番子どもたちを傷つけているのは、ネットじゃないかなと思います。

おわりに～若い世代へ

可能性はいっぱい出てきています。若いアイヌの子たちが自ら音楽、踊りを学び、アートをやる子が出てきました。これからがいろいろな意味で勝負。

カムイノミ（カムイ送りの儀式）は、自然の神々に対し、何か不思議な力をもらえるんじゃないかと考えないでもらいたい。ひたすら感謝とお祈りをするだけの儀式なんですよね。例えば空の神に対して「イヤイライケレ（ありがとうございます）、あなたのおかげで雨が降り雨が木々を育て、そして川になり、川が豊かになれば鮭がやってきて人間たちが潤います」と。自然環境があって、どの分野もかけ離れることなく、自分たちが成り立っている。でも人間は原発をつくっちゃったりして傷つけている。だから、僕が最も目覚めてほしいのはアイヌの持っている「カムイとともにある」という本当の意味のアイヌ。それを若い世代に伝えたい。

アイヌだけじゃなく、みなさんにも協力していただきたい。アイヌとその隣にある日本文化が重要なんです。どれだけアイヌの中だけで、文化や誇り高く生きろと教えたとしても、初めて出会う学校、日本人がたくさんいる中で傷つけられてしまったら、もろく崩れてしまうんです。だから教育というものの大切さを強く訴えたいなと思います。

支離滅裂なお話で申し訳ありませんでした。これで終わります。

6

今こそ、「アイヌ民族の学習」をすすめよう

〔2011年11月4日　北見での講演〕

秋《あき》辺《べ》日《ひ》出《で》男《お》

【プロフィール】

◈阿寒アイヌ工芸協同組合専務理事

◈カナダインディアンとの交流をきっかけに、先住民族の問題は地球規模であることを知る。その後、木彫、講演活動、観光などを通して、アイヌ文化の普及に努める。

はじめに

よく私、「イランカラプテ」とあいさつをします。「イランカラプテ」（会場：「イランカラプテ」）

最近は、流行ってきたかなと思うんですけど、「あなたの心にそっと触れさせてください」というのがこのアイヌのあいさつ言葉だよ、という方もいます。わたしはそれを信じて使っています。なかなか洒落ていますので、いつもこの言葉から始めさせていただいています。

今日は、みなさん教員ということで、何を話そうかなとかなり迷いながら来ました。まず、今日は油断していました。入り口まで来たら警官がたくさんいてね。遠くに街宣車がいて、何やら叫んでいて。「今日の会場で何か事件でもあったのかな」ってね。あれが「普通」だったようで。（会場：笑）

みなさん、なかなか苦労しながらこういう会をやってらっしゃるんだなと。ニュースでは見ていたけど、今日の会合が大規模で、こんなに大騒ぎになるものなのか、全然知らないできました。おまけに入場のパスとか、駐車許可証を全部忘れて。入れなくて、石黒（文紀）先生を呼んでやっと中に入れました。中に入ったら、今度はなかなか外に出れないな、と。私もすぐに疑われるような顔つきなんで。（会場：笑）

北海道の歴史を正しく認識することは、道産子の権利である

私は１９６０年に阿寒湖温泉で生まれたアイヌ民族です。長年アイヌをやってきましたけど、世界先住民族宣言(1)が国連で通って、国会決議(2)が採択されたのは大きな出来事でしたね。全会一致でアイヌ民族を先住民族として認めることを求める決議ですから。回りくどいですよね。認める決議ではない。不思議な決議ですけど。それに則って前の施策が進みつつあります。その成果はまだ出ていませんけど、その影響もあって、来年（２０１２年）からの義務教育の学校の教科書について、アイヌの記述がかなり増えています。非常に喜ばしいことではありますけれども、まだまだ足りないというふうに私は思っております。

特にこの北海道において、みなさん、教育現場で「アイヌのことをどうやって取りあつかったらいいんだろうか」と悩んでいらっしゃるんではないかと思います。

（1）２００７年9月13日に国連総会において「先住民族の権利に関する国連宣言」が採択される。宣言では「文化、アイデンティティ、言語、労働、健康、教育、その他の問題」に対する先住民族の人権の享受の権利と同様に、個人と共同の先住民族の権利についてふれている。日本政府も賛成したが、この段階では、アイヌ民族を先住民族とは認めていなかった。

（2）２００８年6月6日、国会の衆参両議院において「アイヌ民族を先住民族とすることを求める決議」が全会一致で採択される。この決議では、政府に「先住民族の権利に関する国連宣言」を踏まえてアイヌの人びとを独自の言語、宗教、文化をもつ先住民族として認めること、「国連宣言」を参照しながら、有識者の意見を取り入れ、総合的な施策の確立に取り組むことを求めている。この決議をふまえて、「アイヌ政策に関する有識者懇談会」が開かれた。

みなさんに配布した資料の年表を見てください。これを言うと驚く先生もいるんですが、津軽海峡から向こうとこっち、歴史のとらえ方、区切り方が違うというのがよくわかると思います。私も学校で教わったのは、この真ん中辺の「旧石器時代・縄文時代・弥生時代・古墳時代・飛鳥時代・奈良時代・平安時代……」ときますけど、途中から政権ですね。日本の教育というのは、時代を支配した人たちの政権が時代の区分になっているんですね。ところが、津軽海峡からこっちは、見たとおり、旧石器時代・縄文時代・続縄文・擦文時代があって、その横っちょにオホーツク文化があって、アイヌ時代・近代・現代となっていますね。少なくとも今の北海道の年表の書き方も、私としては不満があるんですが、この書き方であっても北海道ではなかなか現場でちゃんと教えられる方がいないのではないか、というのが私の率直な気持ちであります。

何で江戸とか奈良、京都だけの中央集権的な教え方しかされないのか、それはそれであってもいいんですけど。沖縄ではちゃんと自分たちの琉球王国やその前後の時代のことを学校で教えています。

そうであるならば、北海道についてはやはり、ここで生まれ育った人間がいるわけですから、ここにはここの歴史があるんだよということをちゃんと認識するのは道産子の権利だろうと、その権利が奪われているんだなと思います。またそれをちゃんとやってくれないと、「今こそアイヌ民族の学習を」の根本が成り立たないと思います。

道産子としての民族意識を持って語ろう

ところで、みなさんは自分のことを何民族だと思っていますか。

今は、日本人という認識でみなさんは理解しているのではないかと思います。「がんばれ日本」とか、「がんばれ日本人」とかいうふうになるんですが、おそらく大和民族とか、どう呼ぶかはみなさんが決めればいいんですが、「＝日本人」ということになると思います。

問題は、在日朝鮮とか、アイヌとか、琉球を抜きにして、ほとんどの人がひとくくりで「民族だ」という認識をしてくれないんですね。自分たちを「民族」だと思っていない人に、「アイヌ民族」をわかってくれと言ってもちょっと難しい。自分たちが民族としての誇りを持ったり、何かをしようという……例えば、別に私、右翼でも何でもないのですが、戦前・戦中の偏った民族意識ではなくて、この日本の国土にも、ごく普通に世界中で通用する民族意識というのはあるはずなんです。地域差はありますよ。東北の日本民族としての意識もあれば、九州の地方性もあります。だけどだいたい、「これが民族でしょ」という境界線があいまいなのが実は民族の定義なんですよ。アイヌ民族もそうなんです。

小林よしのり君という変わった漫画家がいらっしゃいますけど、境界線で民族を区切ろうとするから、アイヌと日本人が区切れなくなるんです。境界線は似るんですよ。国境と同じですから。隣の国と隣り合わせですから。民族の国境線があるとしたら、意識の国境線というのはあやふやに決まっているんですよ。では、どこで考えるんだと言えば、一番中心、心の首都ですね。ここにアイヌ民族意識があり、アイヌとしての自覚があり、こだわりがあり、「こう生きるんだ」「アイヌとしてはこうなんだ」というのがちゃんとあるんですけど、遠くに行けば行くほど薄まっていって、隣の民族の日本人と交わりが大きくなるし、隣の大陸の人との交わりが大きくなる。これは、東京中心で考えても同じなんです。自分たちを日本民族だと思ったって、九州の海峡に近い人は朝鮮民族とのかかわりがより多いから、境界線があやふやになる。でも、心の中心には、やはり「おれは日本人だよな」というのがあるはずなんです。そこで語るべきなんですね。民族を分けるときに境界線は引けないんです。これは常識なんです。けれども、なかなかわからない「KYさん」とか、それに与する学者の方は、「だからアイヌはいないんだ」とか「琉球は先住民族ではないんだ」とかバカなことを言いだすんですけど、そうではない。

そうであるならば、北海道の日本民族はどうしてくれるんだと思います。要するにアイヌ以外です。私はアイヌのことを教えていただいて、理解してほしいけど、アイヌはアイヌでガリゴリの民族教育をするでしょう。それはそれでいいんですが、道産子としての民族意識をどうしていくかっていうのが、みなさんの肩にかかってくる部分が大きいんですね。道産子としての誇りを持つためには、地域の誇りを持たなくちゃいけない。何もシャケとじゃがいもとトウモロコシがうまいから、それだけで立派な道産子かと言ったらそうではないですよね。自分たちの郷土の歴史がわかっていて、特色がわかっていて、違いがわかっていて、それでこそ「おらが北海道はすげぇんだ」「アイヌもいるんだ」「開拓もあったんだ」「いろいろ歴史的に問題はあったけど、今はこうやって一緒にやっているんだ」ということを言えるようになるんです。それが、学校でそういったものを教えてくれない。バランスのとれた中での民族教育と言いますか、地域教育ができないと、非常にみなさんお困りになるだろうというふうに思います。

アイヌがアイヌとして生きることのできる、お互いが認め合う社会

今、一番困っているのはアイヌであります。アイヌ語を話すのは非常に至難の業です。私はアイヌ語を聞いて育っていないので、バイリンガルではありません。学校で英語を習うように、アイヌ語教室に行ってアイヌ語を習うんですよ。それでもなかなか身につかない。これは、異常事態です。

みなさん、第二次世界大戦に負けたときに、もしマッカーサーが「アメリカの言うことを聞け。日本人はみんな今日から英語を話せ」と言ったらどうなってましたか。みなさんはいいですよ。教育者だから勉強が得意だったでしょう。でもあなたたちのお父さん、お母さんは、「今日から英語を話せ」と言ったら話せますか。それが10年くらい続いたらあなたたちのお子さんは英語しか話せなくなる。そうでしょ。学校でも英語しか話しちゃいかんと教えるんだから。うっかり日本語でも話すもんなら首から「方言札」とか貼られるかもしれないよ。もしそうなっていた

ら、じいちゃんやばあちゃんと孫が会話できなくなるんです。

夢物語に聞こえるでしょう。でもこれ、実は、明治時代にアイヌに起きたことなんです。本当にあったことなんです。当時の日本政府がやったことなんです。その打撃、影響というのが今に残っているから、こんな髭面のどっから見てもアイヌではないかという私がアイヌ語も話せない。そういうことなんです。だけど、民族性とか民族の意識というのを、一生懸命、じいちゃん、ばあちゃんとか、私のお父さんお母さんが残してくれて、今は阿寒湖温泉にアイヌコタン、アイヌの部落がありますけど、そこでみんなで保持しよう、残そうとしてくれたもんだから、アイヌ語以外のことはだいたい伝承されています。非常に恵まれた環境なので、私はついてるなと思っていますけども、そういう環境にいます。

みなさん、アイヌ文様をどこで見ますか。なかなか目につかない。日本の文様ならどこでもある。商品化もされている。でもアイヌの文様はない。特別授業でないと見ることができない。

アイヌがアイヌとして大手を振って歩けない。隠しているアイヌがたくさんいます。全道で調査したところ、「私アイヌだよ、その家族だよ」と手を挙げた人はたった2万3000人です。中には隠している人がいます。どっから見たってアイヌで、親せきでないかという人とすれ違ったって、「お前、アイヌだべ」って言えないです。隠している人だったら、ドッキリして心臓麻痺起こして死んだら困るから言えないんです。「お前、ちょっと混ざってないか」とも言えない。ここにも何人かいるよ。もしかしたら混ざっているんじゃないかって人が。

でも親が隠していたり、じいちゃん、ばあちゃん時代に「もうアイヌやめるべ」「早く日本人化した方がアイヌも幸せになるからよ」と、アイヌであることを教えなかった。そういう孫は知らないで日本人と紛れて生まれ育っているから、急にアイヌと言われても困るわけよ。ということはよく考えたら、アイヌ意識を持つ者にとっては非常にストレス社会なんです。何をやるんでもアイヌがやることに特別意識を持たなければいけない。

みなさん、普通に、晴れ着を着るでしょ。お正月なら紋付き袴、振袖。あれストレスなく着るでしょ。アイヌの若い者がアイヌの民族衣装を着るのにはすごい勇気がいるんだよ。ドキドキして。面と向かって後ろ指を指されるわけだから。「お前アイヌだったのか」と。そんな普通のことができないのが今の社会なんです。これは誰にとって不幸かというと、アイヌだけでないんです。アイヌをとりまく普通の人々と言われる、無意識の差別を持っている人、要するに認知しない人、そういう人たちにとってもストレスなんですよ、実は。それが普通に見えないというのは異常事態なんですよ。

これは、長いこと、単一民族国家でないかとみんなが勘違いしてきたから。その挙句の果てにそうなったんだけど、実はみなさんわかっているでしょ。この日本は、卑弥呼の時代から多民族国家だというのは。それが混ざり混ざって、今のキャラになったわけですから。でもその中に、今でも違う民族としてキャラクターも保持し続けているアイヌもいれば、沖縄もいるということを。

お互いが認め合う社会を作ろうというのが、私たちアイヌ側の主張であり、活動であり、運動であるんです。

アイヌと連携して、地域に根差した歴史教育を

それがやっと日の目を見るようになってきたのが、あの国会の全会一致ですよ。教科書の記述がちょっと増えた。「ああよかったな」と。でも、この土地では北海道の方をもっと大きく取り上げて、地域性に根差した歴史教育やいろんなことが起こるはずなんです。全国一緒じゃ困るんで、そのために副読本があるわけなんでしょう、きっと。では、副読本をどう使うかと言うんだけども、それをちゃんと教える教員がいないんだって私は聞かされました。

みなさん一人ひとりが、アイヌの専門家になるわけではない。さらっと知っていればできるかと言えば、そうはいかない。「なんだかアイヌの野郎ってよ、ちょっと間違えるとすぐねじ込んでくるし、怒るし、なかなか難しいんだよ」とよく言われます。実はその通りです。150年もいじめられ続けるとひねくれちゃうんですね。この腹の中が、ね。ちょっとでも間違えるとすぐねじ込む私の知り合いがいました。相手が教員であればいいけどね。校長だったりもっと上の立場だったり、社長だったり。大物になればなるほどねじ込みやすいんですよ。立場上、反論しづらいというのがわかっているから、「社長出せ」の世界で言いやすいんです。

これが旅行会社ならもっとすごいですよ。観光推進機構で、ガイドさんが使うガイド教本を

作ったんです。ガイドさんは一生懸命アイヌのことを紹介したいといって、自分たちで資料を集めて、自分で書き出して、それをお客様に紹介する。でも、基にした資料が間違えていたりするんですよ。それをお客様に紹介する。お客様がうっかり、アイヌ活動家の前でそれを言ったら「あんたどこで聞いたの」「ガイドさんに聞きました」となる。すると、ガイドさんの会社にねじ込むわけよ。結果どうなるかというと、「アイヌのことは触れないべ。教えないべ。だって北海道は自然豊かで景色がきれいだし、飯はうまいし、ホテルは最近小奇麗になってきたし、サービスがよくなってきたから、アイヌのことなんか商売にしなくたっていい」と言って、みんな逃げだしたんです。学校の現場もそう。間違っているとまた怒られるんでないかと、みんなビビっちゃって。

だからガイドさんについては、「私たちアイヌサイドが責任を持って編集した情報を提案しますからそれに則って紹介してください」と。「これ以上詳しいことは、かえって言わないでください」という責任体制を私たちがとれるようにしたんです。それをアイヌ側の人権関係を頑張っている活発な人たちに見せて、「どうだ、これなら大丈夫だろ」と。少々間違えていても、「間違えているよ」と教えてあげるのが仕事であって、「いきなりねじ込んで、怒鳴り散らすとは何事だ」と。道庁なんか「もうアイヌにかかわりたくない」と言っていたからね。話し合う前に、謝る暇も与えないでいきなりねじ込むんだからさ。だけどそんなことしていたらアイヌの情報がだんだん社会から無くなっていくのが怖くって、10年前からいろんなことを言って、やっとガイド教本ができた。

実は今日、お話ししようと思ったのは、みなさんそれぞれ地方から来られていると思いますけど、各地方には必ずアイヌ協会の支部があります。支部がなかったらアイヌ協会本部に相談してください。アイヌ文化振興財団というところにアドバイザーという仕掛けがありますから。そこに言ってくれれば、「自分では手に余るかな」とか「こういうふうに学校で教えたい」とか、事前に相談するなど、常にアイヌと連携を取りながらやると、非常にやりやすくなります。それを体験上、石黒先生と私はやっていますからよくわかるんです。先生たちだけでやって、また怒られたら気の毒だからね。何かあったら私に言ってください。「阿寒の秋辺がやれと言ったからだ」と言ってください。

阿寒湖「イオマンテの火祭り」の成功

実は、観光業で長いこと大手で業界を仕切っていたある旅行会社がかつてありました。昔、関西地方に住んでいる英語を話す人、外国人という連中に北海道の旅行を売るツアー商品を作った。その時に「名高い毛深いアイヌを見に行きましょう」とうたった英文広告を出した。「本物のアイヌを見に行きましょう」「白老のポロトコタン(3)を見に行きましょう」と。それで売ったものだから、怒られたさ(4)。だけど、被害者であるポロトコタンは、その会社と事を構えると送客してもらえない。そこが怒ったら、ほかの旅行会社もみんな横並びで、送客してくれなくなるからけんかできないわけさ。それで困った。

　それで、アイヌ協会、昔はウタリ協会っていったけど、ウタリ協会にこの話を持ち込んだけど、当時25年、30年近く前は、あんまり人権意識のない組織だったものだから、まだ民族意識の高まりのない時代のウタリ協会だったから、その問題をどうするかということにのってこなかった。そこに登場したのが活動家ですよ。活動家が集まって、糾弾したわけですよ。どういじめたかというと、ちゃんと「アイヌはこうだ」「お前らどういう認識でやったんだ」と。糾弾自体は悪いことではないんですよ。だけどさ、担当者が謝って、「勉強してきます」って、自分で本を買って読んで、「こういうことがアイヌの歴史にあったんですね」って、記述が間違えている本

（3）白老町には昔からアイヌ集落があったが、これを近郊のポロト湖畔に移設し、資料館とあわせてアイヌ文化の調査研究・伝承保存・普及を目的とした野外博物館として整備した。ポロトコタンとは、アイヌ語で「大きな湖の集落」の意味。なお、2020年までにアイヌの歴史・文化等を復興するナショナルセンターとして、国立アイヌ民族博物館、国立民族共生公園を含む「民族共生象徴空間」として整備される予定となっている。

（4）1981年7月、国内の旅行会社が、英字新聞に訪日外国人向け北海道観光勧誘の広告を掲載したが、その観光の目玉として、白老の「ほんとうのアイヌ部落」を訪ね、「名高い毛深いアイヌの古い風習と文化を見学する」ことをうたっていた。この広告はアイヌに対する差別であるとして、旅行会社に抗議し謝罪を求める会を立ち上げ、8回にわたって糾弾会を実施し謝罪させた。糾弾会の詳細については、成田得平ほか編『新版　近代化の中のアイヌ差別の構造』（明石書店、1998年）を参照されたい。

を読んだものだから、「お前、何わかっているっていうんだ」ってね。「間違えていることも気がつかないのか」ってそういう怒り方をする。間違えているのなら教えてやればいいのにさ、間違えたことをまた糾弾するわけよ。８ヶ月間、本当につらかったって。一人自殺しそうになったという話だ。糾弾というのは恐ろしいよ。話し合いならいいけど。最終的に謝罪して、全国の主だった大きな新聞に謝罪広告を出して、それでだいたい決着を見た。

だけど、本当の決着はそれから。新しい会社になってもそれから20年間一切、アイヌ語を載せてはいけない。アイヌの写真を載せてはいけない。北海道についてもしもアイヌのところに来るんなら本部の決済をもらいなさいというルールができた。そうださ、おっかなくて売れないよ。結果どうなったかというと、ポロトコタン白老はだんだん客が減っていった。怖くてさ。ポロトコタンという言葉も入れられないんだから。相談されてもいないんだから。間違えても怒られるけど、相談相手もいないという状況ができた。これではだめだぞと。

阿寒湖もあったんだけどね。16年前に「イオマンテの火祭り(5)」という怪しげなアイヌのイベントを立ち上げたんです。「イオマンテ」というのは、熊を殺す儀式ですから。最初は「イオマンテ」と言い切った。そしたらアイヌの先輩が怒ってさ、「60日間もイベントをやるのに、60頭も熊を殺すのか、お前は」って。「『イオマンテ』と言い切ったらだめだ」って言ったんだけども、私の同僚とホテルの方の執行部が「イオマンテという言葉を使わないと、旅行商品として売りづらいんだよね」「客相手にはイオマンテって入れたいんだよね」ということで、先走って「イオマンテ」と言い切っちゃった。だけど、私の先輩とは、ウタリ協会の幹部もやっていれば、文化保存会の連合会長もやっているなど、いろいろだから、「先輩に預けるから違う名前考えて」と。ゲラ刷りも全部だめ、パンフレットも全部だめだよって一旦ストップして、「どうしてもイオマンテを使いたいんだったら」って、「イオマンテの火祭り」って訳のわからない名前にした。それで逃げた。

だけど、11月、12月の寒い時期にやる企画なんだけど、もともと11、12月は2ヶ月で300人しか人が来なかった。アイヌコタンの劇場にね。夏なら毎日300人入るんだよ。だけど11、12月は寒くて、木の葉っぱもなくて寒い時期だから客いないのさ。私たちアイヌコタンもその時期は一番つらい時期、ホテルもつらい。潰れそうなホテルもあった。「何とかしてくれや」って、「イオマンテの火祭り」っていうネーミングで2ヶ月間、野外で大きなかがり火をたいて、イオマンテの時に踊る踊りを演出して見せましょう、っていう企画。2ヶ月で300人だったのが、「イオマンテの火祭り」で何人集まったか、想像してみてください。

2万5000人です。ということは、家族を含めて5万人くらいは阿寒湖に来られた。踊りの

(5) アイヌ民族の「熊の霊送り儀礼」のこと。アイヌのクマ猟は冬眠中のヒグマを対象としている。巣穴に子グマがいた場合、集落に連れ帰って育てる。最初は、人間の子どもと同じように家の中で育て、赤ん坊と同様に母乳をやることもあったという。大きくなってくると屋外の丸太で組んだ檻（エペレセッ）に移すが、やはり上等の食事を与える。ひと冬越した後に、集落をあげての盛大な送り儀礼を行い、子グマの霊魂を天界の両親、親族のもとに送り返すのである。

会場には、全員が来ないからね。非常に大きな経済効果があって、危なかったホテルも生き延びて、次の次の年に、健全な立場でホテルを売ることができた。それで「アイヌと組んだらいいな」ってむこうも思ったし、私たちも「おいしいな」と思った。ということで、相談して何事もやっていく、協力してやっていくということが非常にいいことなんです。

それまでアイヌと和人が事業を一緒に起こして、共同で成功させて、尊敬し合う関係っていうのは、全道どこに行ってもないですよ、聞いたことがない。白老が一部やっていますけど、それはポロトコタンという一部の地域。役場とのつながりで。私のは、住民の事業ですから。ホテルと商店街とアイヌですから。アイヌの事業者組合ですから。住民の中で事業を成功させて尊敬し合う関係になって認め合う関係、まさに共生ですね。これのコツは何だろうっていったら、「理解」なんです。「理解し合う」ということです。違う文化を持ち、違う歴史があっても、うまくいけばうまくいくんです。

火祭りが失敗していたら、やっぱりアイヌはだめだと言われたかもしれない。それはわからないですけど。やはり話し合いは大切ですね。私らは和人を「シサム」と言いますけど、立派な隣人って言います。悪く言うときは「シャモ」と言います。「シサム」とアイヌが言ったのをシサムが耳で聞いて「シャモ」に聞こえたらしくて、「アイヌは我々をシャモと言った」と思ったらしくて、最初はそこから始まったんですが、今は、私たちは使い分けをしているよ。尊敬できる和人だなと思ったら「シサム」と言います。あの野郎ちょっとずるそうだなと思ったら「シャモ」と言いますから。「シャモ」と言われたら気をつけてください。

郷土芸能イベントの北海道開催

それから、「イオマンテの火祭り」に2万5000人来たやつが、途中から右肩下がりになった。そしたらホテルってすごいわ、前年度よりちょっとでも落ちたらすぐに調べるんだよね。それで調べたら、新しい会社が「アイヌのことを売らない」と言っている。その新会社とけんかして、新会社に二度と売らないよって言わせた本人は「秋辺」と言うやつだ、と。それで阿寒湖の観光協会長に呼びつけられて、「お前、何やったんだ」って。「何のことですか」って言ったら「秋辺とけんかしたからアイヌのことを売らないって言っているぞ」って。でも「秋辺」違いだったんです。「阿寒の秋辺ではありません」って。それで「お前、何とかしろ」って言われて。どうしようかなって。新会社を怒らせたのは俺のせいではないんだけど。

そしたら、北海道の支社がアイヌとどうやって関係を修復しようかとすごく悩んでいて、苦労していた時期なんですね。実は新会社というのは、1年に1回、各都道府県ですごく大きな企画を持っています。郷土芸能を一堂に集めて、そこに全国からお客さんを集めてお披露目するんです。「おいしいとこ取り」の連続で、この辺だったら盆地祭りとか、白蛇姫祭りとか、江差追分、蝦夷太鼓とかいっぱい集めて一ヶ所でやるんです。それを北海道で10年以上もやれなかった。沖縄と北海道がメインだったのに北海道でやれなくなった。

それはどうしてかというと、アイヌ抜きでやったからです。郷土芸能にならないんですよ。特色がないんですよ。北海道の人は怒るけど、北海道にあるほとんどの郷土芸能は故郷の本州から持ってきたお祭りが大半なんですね。北海道オリジナルは何かというと、アイヌなんです。アイヌの芸能、文化、芸術なんです。それが出せないとなると郷土芸能の紹介にならなくて非常に困るから、「北海道ではやらない」と言って、ずっとやっていなかった。

それで新会社の北海道の支店が困ってしまって、「何とか修復するべ」と言ったときに、私が出ていって、私と北海道の支社が組んで、何とかしようと相談した。そこで、北海道観光連盟というのがありました。これは全道全市町村が加盟しています。観光課があるところは全部入り、観光課がなければ観光係が担当している。アイヌが観光で成り立っているところは「阿寒湖」「二風谷」「白老」「旭川」の四つですね。旭川は近文コタンがあって、結構アイヌの観光をやっています。白老ポロトコタン、わかりますね、アイヌの観光のメッカです。二風谷は萱野茂さんがいたりして結構観光に力を入れています。もちろん阿寒湖ですね。言い出しっぺですから。この四つの組織からハンコをもらって観光連盟に行って、アイヌ文化部会をつくってくださいとお願いした。それは、誰でも「アイヌ商品を作ってもいい」「パンフレットを作ってもいい」として、その代わり「チェックするからここに言いなさい」というもの。そこに、観光部会から私とか、アイヌ協会とか、アイヌの学者が来て、みんなでチェックする。この写真は使っていいか、肖像権はどうか、アイヌ語は間違えていないか、例えば「イオマンテをやる」っていうけど、「毎日熊を殺すことはあり得ない」とかチェックされるわけさ。そういう安全弁をつくった。

そうしたら、新会社が最初にそこを使ってくれて、次の年北海道で十何年かぶりに郷土芸能の大きな企画ができるようになった。それから旅行会社がみんな安心してアイヌのことを売るようになった。「売る」というとみんな気持ち悪いかもしれないけど、業界では「売る」っていうんです。企画のことを「商品」って言います。気にしないでくださいね、そういうもんですから。

何かにつけてアイヌというのは軋轢があったり、まあ、腫れ物に触るようなところが旅行会社にもあったんだけど、実は教育関係にもあったり、行政関係にも未だにすごくそういうことが響いています。何かあったらすぐに謝らせる。酋長って書いたら、「知事が謝れ」って怒られたりね。間違いはあるけど、いきなり謝罪だからね。おっかなくて付き合えないって。そういう状況がだめなんです。

ということで、後でそのイベントに招待されて、みなさんに「ありがとう、ありがとう」ってたいした格好いい場面があって、嬉しいやら照れくさいやらだったんですが、英字新聞の差別広告事件を起こした担当者は当時部長だったんですが、イベントをやっと北海道で再開できたときには新会社の会長でした。それで私に伝言がきました。「今後、アイヌのみなさんに言ってください。怒る前に話し合いましょう」と。率直な見解だったと思います。

私はその通りだと思って、今は「怒るような状況をつくらないようにしましょう」と言うようにしています。

そうでないと、やっていられないでしょう。みんな、アイヌのことを知らないんだから。こんなマイナーな民族はいないんだよ。たった2万3000人だよ。かくれてる人を入れても20万人から30万人にしかならないだろうって言われているのにさ。多民族国家、他文化尊重とはいえ、そういうふうにみなさんが育っていないのに。頭と感性にチャンネルがないんですから。

アイヌと共に「アイヌ学習」を

教育者といえども、万能ではないでしょ。だから「何とかするべ」って言うのが私の提案であります。だから、学校で教えるのなら地域の組織、全道の組織に相談してください。

それから、おそらく教室で「アイヌの子だろうな」と思っても、平気で教えてください。それによってクラスで差別が起ころうとも、「ごめんなさい」と言うしかありません。ただし問題は、ケアする体制をつくっておくことです。東北の震災で地震と津波の恐怖心から、今でも心に深い傷を負った子どもに対してケアする必要があるでしょ。カウンセラーですか。おそらくそれに似た機能が全道あちこちで必要になってくると思いますので、アイヌ側はアイヌ側の組織の責任としてカウンセラーを養成して、そういう「衝撃」にあった自分たちの子どもに対してどうするか、ということを今後みなさんと相談しながらやっていかなければならないと思います。

「卵が先か鶏が先か」になると困るが、とにかく、教育は急いでやった方がいいと思いますので、犠牲者を出したくないけども、ぜひ学校でアイヌのことを積極的に前向きにとらえて教えていただきたいと思います。間違えて教えちゃったら私やアイヌの組織に相談してくださいということで、学校の現場で教えるのに、事前の相談が非常に大事だし、知り合いをつくっておくことが大事です。全部自分で背負い込まないでください。「あの人に相談したよ」「アイヌ協会に言ったよ」って。大事なんですよ。一人で背負って自殺なんかしないでね。たかがアイヌ、されどアイヌのことだから。そうなんだよ。命より大事な民族問題ってないですからね、みなさん。命を支えるのは教育だと言うかもしれないけど、死んでしまったらおしまいだ。とにかく長生きをしてください。

みなさんは、文科省とたたかいながら、平等な教育をしていこうと頑張っていらっしゃるんであれば、アイヌのことをもっと取り上げるように言ってください。私たちも一致団結してやっていきたいと思っていますので、何とかよろしくお願いいたします。

先住民族の権利としての集団的権利の問題

資料「アイヌ文化フェスタ東京会場講演資料」があります。これについても触れさせていただきます。２００７年、先住民族の権利に関する国際連合宣言を国際連合総会で採択しました。大多数で採択されました。日本の代表も賛成しましたが、一言入れています。「集団的権利は認めない」という一項があります。実は、集団的権利は、日本国憲法にないんですね。だからできませんということで、何もアイヌに悪さをしようとしたわけではないんですけれども、それが一番の障壁になっています。集団的権利というのは、みんなで持つ権利ですから、日本には無いんです。

例えば土地の問題ですね。個人の土地はあるけれども、共同で買ったとしてもそれは個人名義の集合体なんですね。一人ひとりの名義なんです。ところがアイヌという集団がもしも認められて、「ここはアイヌの土地だろ」ということになれば、個人個人名前がなくとも、何となくここはアイヌ民族の土地だということになって一人ひとりの名前が出てこなくてもいいのが集団的権利であります。アイヌ文様、アイヌ語も集団的権利です。最近は、アイヌにことわりなしで結構勝手にやっている。お菓子でも「○○ピリカ」とか出てきていますね。いいんだけども、集団的権利を認めてくれないと。パテントですよね。肖像権と同じで、アイヌ語はアイヌのものなんだということは当然なんですけれども、認められる社会になっていない。

憲法の結果なんですね。憲法は絶対ではないですから。人間が作ったものだから。欠陥がある人間が作ったものだから欠陥があるんです。変なところは直してもらいたいんだけども、とにかく集団的権利というものを認めてくれないと、アイヌ語もアイヌ文様も使われ放題。そういうことになると、さっきの旅行会社のような事件が違うところでも起きるわけです。それは避けたいということであります。あるグループのオリジナルの権利というのはあるんです。

それが、去年（２０１０年）議論された名古屋の生物多様性条約で一番問題になった「集団的権利に関する薬物の使用」です。北海道で採れるトリカブト[6]を使う権利は誰にあるのか、見つけた学者ではないんです。アイヌにあるんです。アイヌの誰それの誰兵衛ではないんです。アイヌみんなの権利だということなんですね。ところが薬品を開発する会社が大もうけできる薬を作ったら、権利は全部薬剤会社にいっちゃうんです。それが世界中で起こっていて、トラブルのもとになっているんです。伝統的にそこにしかない植物であるのに、アメリカの薬品会社が行って植物の種を盗んでいって、自分たちで育ててそれを薬品にして、特効薬として大もうけしている。持っていかれ損なんです。それを何とかしようというのが一番大きな会議のテーマなんですよね。ところが、結果的に出てきたのが利益配分をどうするのか、ということばかりもめていて、先住民族の権利は何も議論されなかったんです。非常に残念な結果です。

みなさん。「集団的権利というのがある」という結果、何が見えるかというと、「北海道を返せ」ということをアイヌは言っていいんだよ、ということです。

「言う」って言いながらも、言ってないからね。「北海道の土地を全部返せ、和人は出て行け」って言ったら、俺の女房もいなくなっちゃうから。困りますよ。そういうことではなくて、「北海

（6）77頁注（2）参照。

道も南樺太も千島列島もアイヌの土地だったんですよということを、ちゃんと認めてください。その上で補償なり、フォローするなりをしてください」ということが、私たちの一番原点の主張の仕方。元々の大家ですから。

世が世なら私は王子様みたいな暮らしをしているはずですから。今は擦り切れたズボンをはいてますからね。不公平だね、世の中は。だけど本当なんだよ。開拓団で入ってきたみなさんの祖先に一番いい土地を分け与えて、残ったところをアイヌに渡してさ、そんな変な話はない。

では、明治まで話を戻していいから「同じように土地をください」と言ったら、今の政府はどうするでしょう。

でもマイナスをゼロに戻すベースまでは、国策としてやってくださいというのが、アイヌの主張であって、決して、特別にアイヌを優遇してくださいということではないんです。

シャケを自由に獲れるアイヌは一人もいません。木を自由に切れるアイヌはいません。いつの間にか他人の土地になって、いつの間にかお上の土地になって、訳わからないうちにアイヌはアイヌらしい生活をできなくなって。だから私もブーツをはいて、ユニクロを着なけりゃいけないんです。本当はアイヌの暮らしをしていたかもしれないんですよ。パテントだけもらって。金持だったかもしれないんですよ。

平等社会をめざすということは、基本的に北海道にどうやって開拓団が入ってきて、今のようになったのかということを、今、アイヌも含めて、ここで生活をしている人々が、過去に何があったのか、過去の先輩が何をしてくれたのか、どんな犠牲を払ったのかということをわかった上で、今の暮らしを享受するべきなんですよ。

プラスの遺産だけもらってはいけないんですよ。プラスの遺産を引き継ぐ子孫はマイナスの遺産も一緒に引き受けないと無責任な行為だと思います。それを実はこうなんだよ、と教えるのは、家庭と社会と学校なんですね。そこで実はつまびらかにみなさんが教えられる体制を私たちアイヌと一緒につくっていけたらなと思います。

おわりにかえて〜アイヌからのメッセージ

去年の「生物多様性条約」の時にアイヌがどんな主張をしたかというと、日本で生物多様性というと人間を除いた自然の野山、川、海などの環境のことを語られるが、人間が入ってこそなんですね。

なぜかというと人間が持っている自然界に対するインパクト、打撃が一番大きいんです。地球をだめにするのではないかというくらい。原発、原爆、戦争、いろいろあります。それも混ぜて一緒に考えて多様性を考えようというテーマだったのが、日本では人間抜きで語られる。それは人間の都合で語られる。利害だけで語られるというのがまちがい。私たちはアイヌからメッセージを送りました。こんな文章です。

チェプ（シャケ）やサキペ（サクラマス）が言う。我々は故郷の川の上流まで行って卵を産んで、ホッチャレ（産卵を終えたサケのこと）になって死にたいのに、川の入り口で止められてしまう。

チロンヌプ（キタキツネ）は言う。川にのぼる鮭は人間だけが食べるものではない。ましてや人間が作ったものでもないのに、なぜ川をせき止めて、人間だけが食べるのか。

カムイチカプ（シマフクロウ）は言う。大きい木はみんな切られ、我々は巣を作れない。鮭が上がらないから食事にも困っている。

キムンカムイ（ヒグマ）は言う。山奥から人里まで、森が無くなった。だから川は汚れ、小魚もいない。仲間の数も減った。今では人間と住み分けるのも難しくなった。

海に住む者たちが言う。クラゲだと思って食べたら人間の村から流れてきたビニールだった。気候が変わって水の温度が上がって住みづらい。ゴミがたくさん浮いていて気持ち悪い。川から毒水が流れてきて岸に近づけない。全部人間の都合でこうなったんだ。そのつけは、人類の存続にも危機を与えているんだよ。

去年このように語りました。直後に斜里の町の中に兄弟熊が出ました。今年は札幌近辺にいっぱい出ています。あれは何が悪いかというと、人間なんです。山にえさがない。シャケが上る川がない。一部を開けようともしない。人間とは困ったものだ。このように、自然界からのメッセージとして発表しました。これがアイヌの見方なんです。シャケというのはアイヌの主食といってもいいくらい重要な食べ物ですが、アイヌが自由に獲れなくなって１００年以上になります。主食を奪った支配者は、世界で日本民族くらいです。こんな恐ろしいことはありません。アイヌ的にシャケを資源としてとらえた場合、こういう話があります。

この一本の川筋の入り口には、ひと組の夫婦の神様がいます。今年私の川にはタヌキが何百頭、キツネが何百頭、熊が何百頭、カラスが何百羽いると。シャケに依存している者たちがこれだけいるからと、シャケを送り出す天の神様に電報を打つ。「今年は何万何千匹ください」と。そしたら少し多めに送ってくる。途中で死ぬやつもいるから。ところがそのカウントする数に人間は入っていない。で、どうするの、というと、

「少し余るから、熊が食べたり、キツネが食べた後、少しおすそ分けしてもらいなさい。それで大丈夫でしょう」と言う。

というのがアイヌの考え方なんです。だから川の入り口で全部せき止めて獲るというバカなことはしない。そういうことをすると巡り巡って人間が困っちゃうわけです。そうやって20世紀に困って、21世紀につけが回っているんです。そんなことはやめましょう。去年名古屋で開かれた

生物多様性のための会議に、日本政府は、先住民族のアイヌを呼ばなかったんですよ。私たちは全然別の組織の力でもって行って、参加した。こんな困った政府はないですよ。どこから直すのかといったら、教育現場ですよ。結局、みなさんと一緒に頑張りましょうという話でした。

7

アイヌとして生きて、アイヌ文化を伝承すること

〔2012年10月26日　函館での講演〕

門脇《かどわき》こずえ

【プロフィール】
◇1975年生まれ
◇（社）北海道アイヌ協会札幌支部国際人権部長
◇（財）アイヌ文化振興・研究推進機構アイヌ文化アドバイザー
◇北海道大学アイヌ・先住民研究センターヘリテージツーリズムワーキンググループメンバー

はじめに

はじめまして。門脇こずえと申します。

今日は、私のいろいろな意見ということで、発表させてもらえる場をいただけたことに感謝いたします。ではよろしくお願いいします。

まず、先ほどから「若い、若い」というかたちで紹介されているんですが、なぜかアイヌ民族の世界では、37歳は若いんです。一般の社会の中で37歳といえば、もう役職についていて、きちっと責任を持って仕事をしている方が多いのではないかと思っていますが、このような形でご紹介頂き、なんとなくアイヌ民族の現状をこの一言で伝えている気がしてなりません。

この年代にしかわからないこと、この年代だからこそ伝えられることなどがきっとあると思いますので、そういったことをこれから少しお話しさせていただきます。

アイヌ文化の後継者

最初に、私の家庭環境のことについて、少しだけお話しさせていただきます。

みなさん、私をご覧になられた時に、「あれ？　アイヌ民族なのかな？」「どうなのかな？」と、きっと感じたと思います。

私は、母方がすべてアイヌ民族で父が和人です。昭和50（1975）年生まれの37歳で、結婚していています。1歳1ヶ月の子どもがいまして、子育てをしながら、働きながら、アイヌの伝承活動をしています。

先ほど、母はアイヌ民族だとお伝えしたんですが、実は家の中にアイヌ文化はひとつもなかったんです。ではどうして私が（アイヌ民族であることに）気づいたのか。

たまたま私の夫は文化に長けていた家の生まれだったんですね。二人が出会った時には、すでに夫は私よりアイヌ文化に詳しかったんです。夫は、私の母や親せきとかにも会っていました。そしてたまたま二人きりの時に、夫が「あのね、言ってもいいかな。本人がもしいやだったら、いやな思いをするかもしれないけど……」と言ったんです。私は「何？」と訊きました。夫は、「きっと、あなたのおうちは、アイヌ民族だよ」と言ったんです。

それまで私が育ってきた家の中にはアイヌ民族に関するものが何もなかったので、「え？」と驚きました。今までそんなことを考えたこともなく、そういった意識もなく、ただ博物館が好きで見学に行ったり、北海道の歴史や文化が好きで本を読んでいたりしていたんですけど、本当に驚きました。

「何か調べる方法はないかな」と夫に尋ねたら、「戸籍を調べたらわかるでしょう」と言われました。それで、母に訊いてもきっとはぐらかされますから、母には内緒で戸籍を調べたんですよ。

そうしたら、やっぱりアイヌ民族だった。夫は、「ほらね、そうでしょう。日本の文化も後継者不足だし、アイヌもきっと後継者不足かもよ。アイヌ文化って、とっても素晴らしいものだから、あなた自身今後どうするのかきちんと考えてみたら？（アイヌ文化を）伝えていく義務があるんじゃないかな」と言いました。

その時のショックといったらものすごくて、何も知らないで「この文化好きだ」「この博物館の展示好きだ」と言っていたのが、とてもレベルが低いことのように思えて……。

母の想い

私はその後、戸籍だけでは本当にそうなのかどうかわからないから、母には内緒で親戚の家を回って、なんとなく遠回しに話を聞いてみました。そうしたら、親戚の家では、刺繍をしていたり、木彫りをしていたり、子どものうちから踊りをしていたりとか、伝承活動をしているんですよ。私の家だけだったんです。そうした文化的活動をしていなかったのは。「なぜ気づかなかったのか」と思いました。

私は、母を試してみようと思って、「あのね、どうしてアイヌ文化をやらなかったの」と尋ねてみたんですよ。そうしたら母は、もう、無言ですよ。怒ってしまって……。もうこれ以上は聞けないと思いました。

それで、ちょっと年の離れたいとこに母とのやりとりを話しました。そうしたら、「当たり前でしょ。あなたのお母さんや兄弟姉妹は、差別も受けたし、苦労もしたし。イヤに決まっているでしょう」と言われました。

貧乏だったことや苦労しているのは知っていたけど、詳しい話は聞いたこともないし、訊いてもなんとなくはぐらかされるので知らなかった。それなのに私は母に「アイヌ文化ってどうなの」という質問をしていた。母は強い差別も受けましたし、石を投げられたりしたこともあった。父と結婚したのも、アイヌ民族だということから離れたかったから。そういった「自分と同じ苦労をさせたくない」と思って答えないのは当然ですよね。

でも、なんでしょうね……私はアイヌ文化がとっても好きだったんです。私は喧嘩を覚悟で「アイヌ文化が好きでとっても素晴らしいと思うんだけど、アイヌ文化で何か知ってる？　教えてほしいんだよね」と訊いたら、母は「いやだ」という思いだけで何も知らなかったんです。もちろん時代背景もありますが、貧乏だったから踊りもしていないし、儀式にも参加したことがないし、アイヌの伝承活動なんかには参加したことがない。だから何もわからない。そして一方では「アイヌだ」「アイヌの血が入っている」というだけでいじめられてきたのが現実で、「良さ、素晴らしさ」なんか知らなかったんです。

私は「やっぱりそうなんだ」と思いました。確かに私の年代とは違って、強い差別や偏見がたくさんあったと思います。私の年代は母の年代よりはまだ差別は少ない。でも差別の手法も時代とともに変化してきている。私がこういう活動をすることによって、ひょっとしたらいいことも見つけられるかもしれない。そして何より、戸籍を調べたら、母親はもちろん祖父も祖母もみんなアイヌ民族なんですよ。母にとっては、それを全部否定することになるじゃないですか。それはものすごく……言葉は悪いけど「かわいそう」で……私は夫に「伝承する義務がある」と言われたのもありますし、できることからやっていこう、もしこの年代でアイヌ文化をやる人が少ないのであれば、どれだけできるかはわからないけど、まずやってみようと思ったんです。それが今の活動を始めたきっかけなんです。

アイヌ文化伝承活動

活動するにあたって、何をどうやったらいいか、どう伝えていけばいいか、より多くの人にアイヌ文化を理解してほしい、どうしたらいいのかものすごく考えました。考えた結果、まず身近なことからやろうと思いました。

サッポロピㇼカコタン（札幌市アイヌ文化交流センター）で求人募集していました。スタートとしてそこで働き、アイヌの現状がどのようなものなのかそこで勉強してみようと思いました。私はそこでいろいろな勉強をさせてもらいながら、トータルすると約4年間働きました。

そんな中で、平山（裕人）先生ともお会いしましたし、やっているうちにいろいろなことがわかりました。こういう事業はこういう展開、こういうイベントはこの普及啓発のためにこういうふうにやる、でもそれは、すでにある規約の中で行うものです。基本的には決まった形のものがあって、その通りにやる。私はそれでは満足できなかったんですよ。私なりのやり方が絶対あるはずだというふうに思ったんですね。そういう中で講演会もやりましたし、いろいろな方たちともご縁があり、いろいろな研究もさせていただきました。行かせていただいた場所はある会社の新人研修で歴史のお話でアイヌの普及啓発のためのテーマを持ったお話を東京と札幌でさせていただいたりとか、あとは人と出会えるチャンスをなるべくつくりたいということで、展示をさせていただいて、博物館の学芸員の方とか、教育委員会の方、振興局の方、地元商店街の方、いろいろな形で応援してくれるのを見ることができました。

「アイヌ文化」というふうにドーンと出してしまうと、みなさん、「入りにくい」とか「きっとこういうことしか言わないだろうな」という思いがあって、また、古いイメージが先行してしまっていると思います。これからは一緒にやるということが、きっと大切だと思うんですね。私は例えば福祉でやっているようなイベントでアイヌ文様の切り絵をやったら子どもたちはすごく喜ぶんですね。そんな中で、アイヌ文様の素晴らしさ、アイヌ文様はこういう意味があるんですよとお伝えすることが必要だと思っています。また、経験することにより私は勉強させてもらっていると思っています。

その中で一番私が思うのは、子どもたちなんですね。子どもたちは何の偏見もなく、素直に、「こういう文化があったのか」「すごいね」、アイヌ語って難しいけど、あいさつでも使えることによって、とっても生き生きとした顔になって、ひとつでも覚えたらとっても活用してくれるんですよね。そういう子どもたちの笑顔を見ると、やっぱり、やってよかったなと思いますし、そういう知識や経験をもっていて大人になっても変わらずにいてほしいと思います。

現存するアイヌ民族に対する差別

みなさんにお願いというか、私が努力したいと思っているのは、「子どもたち」ではないんですね。子どもは素直ですから、「これはいい」「あれはいい」と言ってくれると思います。一番重要なのは、やっぱり「御両親」なんですね。学校で学習してきて素晴らしい感想文をたくさん書いても、家に帰って子どもがそのことを話すと、「言うんじゃない」「踊るんじゃない」「歌うんじゃない」と言われるんですよ。

子どもに対しての教育は確かに必要です。早急に続けていかなければいけないけれど、それとは別にご両親の意識改革というか、そういうのも同時にしていかないとちょっと難しいかなと思います。

今からある経験を二つ話します。ある学校でアイヌ文化の体験授業をしました。アドバイザー派遣ということで踊りもしました、歌も歌いました、説明もしました、学校の方もとっても喜んでくれて、帰ってきました。後日、家の近所でその時の生徒さんと会ったんですね。その生徒さんは、「あっ、アイヌの先生だ」と言ってくれたそうです。それを聞いた瞬間に、うれしくなっちゃって、「あ、会えたね。やっぱり近所だから会えたんだね」と言ったそうです。ところが、その生徒さんの隣にいたお母さんに「お母さん、アイヌの先生だよ」と言ったら、お母さんは子どもの手をこう引っ張って、「いいから、そっちを向いてしゃべるんじゃない」と言ったそうなんですよ。

それを聞いた瞬間に、「あー、なんか、ショックだな」と思ったそうです。子どもは「なんで？　お母さん」「学校のクラスの担任の先生が家が近所だから会ったらきちんとあいさつするんだよって、言ったよ」「とっても楽しかったし、アイヌ文化ってすごいんだよ」「お母さんのそういう態度の方が変だよ」と、お母さんにずっと話していたそうなんですよ。今の、現状が見えるなって思って。

子どもたちはいろいろな体験とか実践を交えた体験をしていただければ、絶対に「良さ」ってわかるものなんですね。重たい歴史の話は、大先輩の前で申し訳ないんですけど、アイヌ文化の中の何かひとつでも好きになった後でいいんです。重たい話から入ったら、楽しいも素晴らしいも伝わらないでしょう。素晴らしさなんてわかりますか。子どもは何がとっかかりになるか、何に夢中になっていただけるかわかりません。私は本当に「好き」になってもらえることが先だと思うんです。それで「好き」になってもらった段階で、本当はアイヌ民族にはこういう歴史があって、こういう差別があって、こういうつらい思いをしてきたんだよ、私たちの大先輩もこういうふうなつらい思いをしてがんばって伝承してきてくれたから、私たちがいるんだよ、ということを私は最後に教えたい。子どもたちに最後に伝えたいと思います。

もうひとつ。ある大学の文化人類学の先生の授業に参加させてもらいました。その先生は、授業の中でアイヌ民族の話もしてくれたんですが、「門脇さん、言ってもいいかい？　アイヌ民族だと言ってもいいかい？」と聞かれていたので、私は別に隠す必要もないと思っていましたから、「どうぞ、どうぞ、かまいません」と言って、逆にありがとうございますと思ったくらいでした。

ところが、授業の合間に休憩があって、トイレに行ったときのことです。女子トイレはすごい並んでいたんです。私の前にも何人もいたし、私の後ろにも何人もいたんですね。それで、私の順番がきてトイレを済ませて、「どうぞ、お待たせしました。空きました」と言ったら、無視なんですよ。それで聞こえなかったのかな、それともこれも一種の差別なのかなとも思ったんですけど、私は再度、「空きました、トイレ」って言ったんです。そうしたら、その人はすごいムッとした顔をして、「あのね、1回目に返事しなかったでしょう、アイヌの後には入りたくないの」と言われたんです。私は「じゃあ、ずっと我慢していてください。私はあなたがどこのトイレに入ろうと構わないし、あなたに悪いことをしたわけでもないし、入りたくないのならそれで結構です。でも、次の方がお待ちなので、まずゆずったらどうですか？」と言って教室にもどったんです。

私の年代で、差別が全くないかというと、そうではありません。差別を、受ける側がどう受け取るか。例えばとってもつらい思いをして、もうアイヌ民族なんて言いたくない、というとそこまでですよね。でも、私はこういう人に一人にでも出会ったら、まだまだ自分の、そしてアイヌ民族としての力不足を感じます。

そして、「絶対にいつかアイヌ文化、アイヌ民族はすごいって思わせたい」って。そのくらい、ものづくりをしていても、アイヌの話をしていても、アイヌ文化はすごい、素晴らしいものだといつも感じています。みなさんも、いろいろな形で、どの角度からでもいいですからアイヌ文化に触れてみてください。歴史からでもいいですし、体験からでもいいです。もし、先生方でなんとなく話をするのもとっつきにくかったり、難しかったりするようであれば、私や仲間が、どこにでも行きます。私たちも逆にレベルアップできる場をいただけるので、うれしいです。

文化伝承の今後

今回、いろいろな資料を拝見させていただいて、まずとってもうれしかったのが、「アイヌ民族に関する授業」を実践している方が、小学校が63パーセントから75パーセントに増加しているということなんですね。中学校や幼稚園・保育園からできたら全校でやってほしいと思っていますが、先生方だけでは難しいというのであれば、どこか施設を利用するのもいいですし、教育相談という形でもいいですし、そういう中で、30分でもいいです、10分でもいいです。こういう人がいるんだよということを、実践の中で知ってもらうことが、また、アイヌ民族との交流がとっても大切だと思います。

あとは、やっぱりもっともっとがんばらないといけないなと思ったのは、実践していない理由について、「子どもの発達段階を考えると無理だし、低学年にはちょっと難しい」という記述があったところです。難しくないんですよ。遊びながらやればいいんですよ。自然のものを使って遊べばそれがアイヌ文化につながります。ただいろんな要因があると思いますが、やっぱり「余裕がない」というのが一番なんでしょうね。

でも、こういう指針（『「アイヌ民族の学習」をすすめるための指針』1・2、別冊資料）を拝見させていただいて、みなさんとっても関心を持ってくれていて、私が思っている以上に学習していただいている、というのが感想です。とってもうれしかったです。私も今後、いろいろな活動をしていきたいと思いますし、いろいろと参考にさせていただけたらな、と思います。

あと、この「連続講座」の方で、大先輩のアイヌ民族が話していることは、私も、私の年代もとてもそう思っていることです。阿部ユポさんがおっしゃっていた「歴史や文化を正しく教えてほしい」は、私の願いでもあります。ただ、その「入り口」も選べるようにしてほしいなというのが私の意見です。やっぱり楽しく伝えてほしい。そして本当の歴史も必ず学んでほしいと思います。野本久栄さんは差別や偏見を恐れる家族の心配もある中で「本物に触れさせることが大切である」と言って活動を続けていますが、私の年代でもそう感じています。遊ぶこと、切り絵することと、展示物に触れること、アイヌ民族の話を聞くこと、アイヌ民族との出会いは、教育の中ではとっても大切だと思います。秋辺日出男さんは、「お互いが認め合う社会をつくるためには教育の力が必要である」とおっしゃっていますが、私も全くそう思います。そうした中で、アイヌ文化に特化して伝えてしまいがちなところを、先住民族ではありますが、いろいろな形で、いろいろな分野で、多角的に教えていけると思うんですね。そして、一番私の世代と近い考えかなと思ったのが結城幸司さんですね。私もアイヌとその隣にある日本文化の重要さを同時に伝える必要性を感じています。それを学校教育の中でしてもらうととってもありがたいです。

札幌は、地名もそうですし、もっともっと文化遺産があります。私はアイヌ民族の血だけが入っているわけではなくて、日本人の血も入っています。日本の文化もとっても大好きです。歴史なんかの話もしますし、浴衣なんかも自分で作りますし、染物なんかも大好きですし、琉球文化ももちろん好きです。両方の文化、そして北海道の文化を発展させていけたらいいなと思います。

アイヌの世界では、まだまだ若いですし、子育て中ではありますが、やっぱり子どもを持ってみると、私にはアイヌの血が入っていて、子どもがそれをどう受け止めるにしても、私はこういった姿も、まだ小さいですけど子どもにはいずれ見せていきたいなと思います。このように素晴らしい先生方に出会えて、いろいろな教訓の中で学んでいけたらいいなと思っています。

あちこちに行きながら、まだまだ浅はかではあると思いますが、私自身の意見をしっかり持って、揺らぐことなく、多くの人にアイヌ文化に触れていただけるよう、仲間とともに前にすすんでいきたいと思っています。

〔２０１２年２月25日　札幌での講演〕

8

私の歩んできた道
〜ひとりのアイヌ女性として〜

竹《たけ》内《うち》美《み》由《ゆ》起《き》

【プロフィール】

◈十勝管内芽室町芽室太でアイヌ民族の両親のもとに生まれ育つ。幼少のころから母親が立ち上げた「ウポポ会」に参加し、フチ（おばあさん）たちから十勝アイヌのウポポ（歌）やリムセ（踊り）、ムックリ演奏などを教わる。２００９年、「十勝の本当のアイヌ踊りを残すために」フンベシスターズの結成に参画。全道、全国はもとより海外公演も行っている。

自己紹介

私は、帯広市の隣町、芽室町の芽室太《めむろぶと》で生まれ育ち、1970年代に小・中学校時代を過ごしてきました。小さいころから母やばあちゃんたちとアイヌ踊りに親しんできました。

現在は、妹や幼なじみのお姉ちゃんとともにアイヌ文化伝承の活動に取り組み、海外での公演にも出かけています。

楽しかったウポポ会でのこと

母の継母の加藤なみえばあちゃんは、アイヌの踊りを一生懸命にやっていて、帯広に「カムイトゥウポポ保存会」(1)をつくりました。その「保存会」に出かけては、ばあちゃんたちと一緒に踊っていた母は、芽室にもアイヌの踊りや歌を学ぶ会をつくりたいということで、「ウポポ会」というのをつくりました。それは、「芽室太生活館」という場所で行われていましたが、そこには、帯広からなみえばあちゃんたちも教えに来てくれました。芽室に住んでいたアイヌのばあちゃんたちも、芽室にも会ができたということでとても喜んでくれ、みんな楽しそうに参加していました。

母はアイヌ踊りが大好きで、月2回ぐらい行われていたウポポ会にはいつも参加していました。私も小学校3年生くらいから一緒についていくようになりました。帯広の踊りに「バッタキウポポ」(2)という腰を低くして踊る踊りがありますが、母は、毎日のきつい仕事で腰が痛いのに楽しそうに踊っていたのが印象に残っています。

芽室に川北温泉というところがありますが、そこにホテルができたとき、父の司会で踊りを披露しました。私も父の車に乗っていって一緒に見ていたことを覚えています。

アイヌ踊りといっても地域によって特徴がありますが、十勝の踊りのいいところは、きちんとそろって踊るところで、阿寒などで公演しても最後は大きな拍手をもらっていました。ウポポ会では、踊りを大事にしながら、自分たちで刺繍した衣装を自分たちで作っていました。

母がウポポ会に行くときには、私も妹と一緒についていって、踊りも歌もムックリ(3)もやるよう

(1)「人が集まれば歌い踊る習慣があった」というように生活の中で伝承されてきた十勝地方のアイヌの踊りや歌は、帯広の都市化によって徐々に衰退。それを見かねた加藤なみえさんが中心となって1955年前後に愛好会が創設され、64年に「帯広カムイトゥウポポ保存会」として発足した。約25種類の踊りと50から60種類の歌を現在に受け継いでいる。1984年、国の重要無形民俗文化財に指定されるなど数々の賞を受けている。アイヌ古式舞踊は、2009年にユネスコの重要無形文化財遺産に登録されている。

(2)十勝地方でバッタが大発生したことを後世に伝えるために歌われてきたものといわれている。十勝地方では和人の「開拓」による生態系の変化や十勝川の氾濫によってバッタの繁殖に適した草原の出現がその原因とされている。

(3)アイヌ民族に伝わる口琴楽器。口の形や呼吸の仕方によって共鳴する音を変える。演奏者によって音色は異なり、ムックリの名手としては美由起さんの大叔母である幕別町出身の安東ウメ子さんが有名である。その演奏はCD化され後世に伝えられている。

になりました。ムックリでいい音を出すためには練習が必要ですが、私の音をばあちゃんたちが誉めてくれて、どんどんムックリが好きになっていったのです。

しかし、ムックリが一番上手だったなみえばあちゃんだけは誉めてくれませんでした。ムックリでは、雨や山や川や動物の鳴き声など、自然の音を表現するけれど、なみえばあちゃんは、「もっと違う音が出せるはずだ。いろんな音が出せるようになれ。まだまだ自然にはいろんな音がある」と言ってくれました。同じ川の音でも、激しい流れや優しい流れ、場所の違いなどいろいろあるのだと。その言葉があったから、今では私もいろんな音が出せるようになり、いろんなところで公演ができるようになりました。

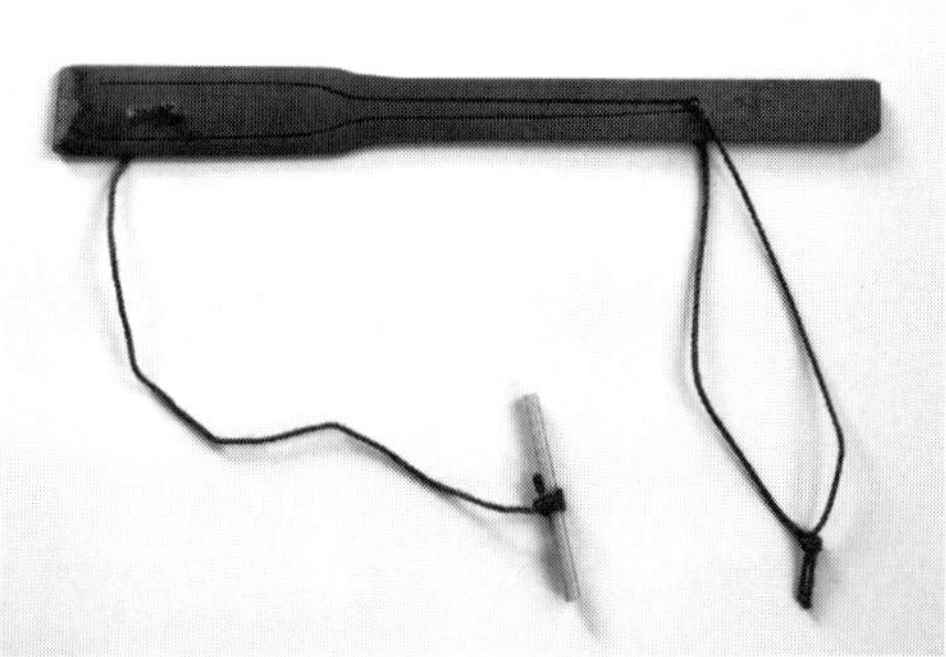

ムックリ

私の親せきに、ムックリの名人だった安東ウメ子さんがいますが、ウメ子おばさんのムックリは穏和で優しい音でした。私のムックリは激しい音だ、暴れる音だと言われました。ムックリは、弾く人の性格が表れるものだと知りました。

ウポポ会に行くと、どこかで血が繋がっている人たちが多かったから、甘えて何でも言えたし、かわいがってもらいました。行くときは、父の車に乗せてもらって行ったのですが、そこに行くのがとても楽しく、うれしくて、いつも絶対に行こうと決めていました。母も仕事がきつかったのに、ウポポ会をとても楽しみにしていました。

ウポポ会で踊りの練習をした後は、みんなで飲み会をしていました。それがまた楽しかったのです。自然とリムセという輪踊りもみんなで楽しんでいました。ばあちゃんたちの話もとても素敵で、私と妹はそれを聞きたくて、ばあちゃんたちにビールをついであげながらその話を聞かせてもらっていました。そこで、アイヌ踊りの意味などを教えてもらったのです。

家族のこと

私は子どものころ、父と母と妹、弟の5人暮らしでした。

父も母も小さいころからいじめられていたといいます。それでも父は、免許だけはいろいろ持っていて仕事に生かしていました。母は、いじめがひどくて、字も読めないままに学校を出ていたといいます。母は、バキュームカーの補助の仕事をしていましたが、会社の人が車の免許を取らせてくれるというので、40歳を過ぎて免許を取ることになりました。母は、自動車免許の教科書の漢字がわからなくて苦労していましたが、私が辞書で意味を調べてあげたりして手伝いました。母は、頑張って一発で免許を取ることができたのです。

それからは、一人で4トン車に乗って汲み取りの仕事をしていました。私も一緒に車に乗っては手伝いました。

妹は、竹内公久枝《きくえ》といい、芽室中学校の1年生の時、自分が受けてきたアイヌ差別について作文に書き、いろんな本などにも掲載されたので知っている人もいるかもしれません。

私と妹は、ウポポ会に行っていたころに、十勝紋様の入った衣装を作ってもらって踊りも本格的に習っていましたが、そのころ、ウポポ会には男の人がいなかったので、妹が男の人が踊る「剣の舞」や「弓の舞」を踊っていたのです。妹の踊りは男以上に格好良かったのでした。

生活の中に生きていたアイヌ文化

家では、アイヌ語で話すということはなかったのですが、水のことは「ワッカ」と言っていましたし、性格的にかわいらしくないことを「イボカシ」と言っていました。アイヌ語の単語は生きて使われていたことを覚えています。おばあちゃんたちからは、「ワッカ」という言葉がわからなかったころ、「ワッカぐらい覚えれ！」と言われたけど、そのときはアイヌ語を覚えようとは思わなかったです。

母はよく、灰皿に火を起こし、タバコと米とうどんを燃やしてお祈りをしていました。アイヌ語で「オカウ」といいます。

また、母は、「ムニニイモ」を作るのが上手でした。「ムニニイモ」というのは、ジャガイモを冬のシバレで凍らせ、デンプンを絞りとってダンゴにするものでしたが、においがすごかった。それでも、東京の人、たくさんの人がほしがって、母は玄関にたくさん作って置いていました。汁を「骨おつゆ（ポネオハウ）」といっていましたが、塩味でうどんを入れて食べたらとてもおいしくて、私の大好物でした。

アイヌのばあちゃんたちの財布には、イケマ(4)の根っこで作った「ペーネップ」というお守りが入っていました。私は今、アクセサリーを作ったりしていますが、このペーネップを必ず入れるようにしています。そして、アクセサリーを渡す人には、壊れて外れたら、財布に入れておくんだよと伝えています。

こんなふうに、私の周りにはアイヌの暮らしがまだ息づいていたし、アイヌということを子どものころから自然に受け入れていたのでした。

「アイヌ」という差別を受けた小・中学生時代

アイヌということを自然に受け入れて育ってきたから、幼稚園や小学校に入ったころから、「アイヌ、アイヌ」と言われて、どうしてそのようなことを言われるのか理解できませんでした。

(4) 77頁注(3)参照。

特に、小学生になってからは、「アイヌ」と言われたり、「クサイ」って言われたりしました。その時だと思います。上の学年の人たちが「あっ、犬だー！」って言うのです。そこには犬なんかいなくて、……その人たちは私を指差していました。「アイヌ」って言ったら笑えないけれど、「あっ、犬だー！」って言ってたくさんで大笑いしていました。

小学校へ行きクラスに入ったらうろうろできませんでした。私にぶつかった人が、「あー、アイヌにぶつかったから腐っちゃう！　どうしよう！」って言うのです。その人がまた他の人にぶつかったら、ぶつかられた人が「私も腐っちゃう！」って。誰も腐ってなんかいない……私も腐っている訳じゃないし……。

でも、学校へは行っていました。何人かは女の友だちもできて「たけ」って呼ばれていました。小学校5年生の時、芽室西小学校ができてその友だちと別れるのが寂しかったです。6年生の時には、一番の親友がお父さんの転勤で引っ越していき、すごく寂しい思いをしました。

そのころからクラスの男子に「クマ」って呼ばれるようになりました。私は、「アイヌ」って言われるよりはまだましかなと思っていました。他のクラスの男子からは「アイヌ」と言われ、他のクラスの女子たちも一人では何も言わないのに集団になると指さしをしたり「アイヌ」とか言われたりしていたのですから。

その当時の担任の先生に何十年ぶりかで会うことがありました。そのとき、先生はこんなことを話してくれました。

学年でポートボールを男女一緒にやるようにした時、私は背が高かったのでゴールに立つことになったけれど、男子は私にボールをパスする時に名前を呼べなくてゴールが決められず、クラスが弱くなって困った。それで、先生はクラスで一番賢かった男子に私を何て呼べばいいか頼んだってことでした。その男子は、席替えしても自分の近くにして同じ班にしてくれたって……知りませんでした。その男子が私のことを「クマ」って呼ぶようにしたんだそうです。毛深いから「クマ」って……。

でも、それから男子は私にボールをパスする時に「クマいくぞう」って言うことができて、私もボールを取ることができて、クラスは一番のポートボールのチームになったって……。それから、男子には「おい、クマ」って声をかけられていました。

何十年ぶりかで会った先生に、それでよかったのかって聞かれました。私は、うれしかったって答えました。「クマ」って男子に声をかけられるようになって……。

小学校を終える時、卒業手帳に女子からは、「竹へ」って書いてもらいましたが、男子からも「クマへ」って何人にも書いてもらっています。その時に「クマ」って呼んでもらっていなかったら、私の手帳になんて男子の名前はなかったと思うよって先生に話しました。

でも、「クマ」って呼ばれていた時に、女子の仲良しグループの友だちと同じように私を「タケ」って呼んでくれる男子もいました。私はうれしかったです。

中学校へ行ったら他の小学校から来た人たちも増えました。1年生の時のクラスはまあまあのクラスだったことを覚えています。でも、またいろいろ言う人も増えました。スクールバスの中で、他の小学校から来た人にいつも何か言われていたことを覚えています。後に、その人がお寺の息子だってわかってびっくりしました。その人が、亡くなった人のためにお経をよむ人になるのかって……。その人は、いつも笑いながらいろいろ言ってきました。何て言われていたか聞きたくもなかったので覚えていませんが、とにかく腹が立っていて、その人と同じバスになるのが本当に嫌だったことだけははっきり覚えています。

でも、スクールバスの運転手のおじさんの中に、いいおじさんがいて、そのおじさんのバスに乗るのが楽しみで学校に行きました。

中学校1年生の時に外国の歌手ベイシティローラーズが好きになりました。だけど、英語の先生が大嫌いで勉強はしなかったけれど、歌詞は辞書で調べてカタカナで書いて頑張って覚えて歌いました。その時に、クラスは別だけど、同じベイシティローラーズのファンだった女子と話をしたことを覚えています。その女子のお父さんは、私が楽しみに乗るスクールバスの運転手さんでした。それもうれしかったことでした。

中学校のクラブは大好きなソフトボール部に入りました。そこでも、1学年下の女子にめちゃめちゃ言われたけど、頑張って続けました。

だけど、2年生の時のいつからか、学校に行く気になれなくなり、いつも休んでいました。行かないほうがラク……って思うようになりました。ぜんぜん行かなくても担任が家に来るわけでもなかったから、行かなくてもいいんだって思いました。

3年生になっても担任が変わらなかったからぜんぜん学校には行きませんでした。当時、テレビで「3年B組金八先生」が放送されていましたが、私がこのクラスに行けたら……と思いながら毎週観ていました。金八先生の一番の言葉は、「人を指さしてバカって言ったら、残りの3本は自分を指している」ということでした。私のことを指して「アイヌ」って言った人の3本の指は……でも、「アイヌ」は「人間」という意味です。「アイヌ　ネノアン　アイヌ（人間らしい人間）」という素晴らしい言葉です。

3年生になってもほとんど学校には行かず、卒業式はテレビの「金八先生」の卒業式で自分の卒業式をやりました。卒業証書を妹が担任のところにもらいに行ったら足元に投げつけられたといいます。義務教育は、行かなくていいところなのかなと思いました。

会社での差別

中学校の後は、有名なお菓子の箱を作る会社に入りました。住み込みで働きました。朝の仕事をした後に朝ご飯でした。その朝ご飯を食べた後で、そこの年配の女性に「お前みたいなアイヌを使ってやっているんだから、ありがたいと思え！」って毎日言われました。他の人たちはいい人でしたが、「会社に入っても差別なのか！」って思いました。仕事をさぼっているわけでもないし、一生懸命やっているのに……。こんなことを仕事で大変な親に言えませんでした。それでも、2週間くらいたった時に母親に電話をしたら、「そんなところにいることはない。すぐに帰っておいで！」と言われて帰りました。

仕事での差別といえば、ハローワークへ行ったときに「アイヌに紹介する仕事はない」って妹も弟も言われたといいます。

お菓子の箱作りの会社を辞めたあとは、川湯温泉でのアイヌ踊りの仕事に誘われて行くようになりました。その時に、本州からのお客さんに「アイヌが日本語しゃべっている！」って驚かれました。アイヌって何なのか知らないから平気で差別するのだろうかと思いました。

今でも、「あっ」っていう声が聞こえたらドキッとします。私のことかなって……。

アイヌの踊りを残すために

アイヌって言われるのは嫌だったけど、ばあちゃんたちが頑張ってやっていた帯広ウポポ保存会にお母さんと一緒に行くのが好きで、そこでリムセ（踊り）やウポポ（歌）を覚えました。ばあちゃんたちが伝えてくれたリムセやウポポは大好きだから、素晴らしいものだから絶対に残そうと思っています。

今は、妹たちとグループをつくってあちこちで公演しています。去年（2011年）はフィンランドでの海外公演の機会もありました。アイヌのリムセやウポポ、ムックリは本当に素敵なものだから、たくさんの人たちに観て、聴いてほしいと思っています。そして、アイヌのことについて少しでも本当のことを知ってほしいと思っています。

《解説》アイヌ民族の学習の歴史と今

一　アイヌ民族自身が語る

アイヌ民族に関する学習をどう進めていくか。

これを、アイヌ自身が語る。

この当たり前のことを、日本国民は今まで怠ってきました。

と言うよりも、アイヌ文化の学習も、アイヌ史の学習も、ようやく広がり始めたばかり。それらは教科書に掲載されるようになりましたが、アイヌ民族の先住権に触れないように示した、政府の「アイヌ政策のあり方に関する有識者懇談会」報告から逸脱しないように記載されていま す。アイヌ語の学習に至っては、文部科学省に影響力を持つ、自民党の一国会議員に恫喝されると、たちまち北海道全体で中止させるための調査が入る状態です。

しかし、少なくとも、アイヌ民族に関する学習を進めていこうという機運が高まってきたのは事実です。

北海道も東北地方北部も、歴史的にはアイヌの居住圏でした。日本とロシアで対立している「北方四島」はもとより、サハリン南部も千島列島も、アイヌの居住圏でした。多くのアイヌ民族は日本国民なのだから、今では首都圏を含む日本全国に居住しています。従って、アイヌ民族に関する学習を行うのは、当然といえば当然の話です。

こうして歩み始めたアイヌ民族に関する学習、それに対して、アイヌの人たちは何を伝えたいのでしょうか、何を訴えたいのでしょうか。これが本書のテーマであり、すべてです。

圧倒的な人数の和人によって覆い隠されている、アイヌの文化。その豊かな精神性を伝えようと、野本久栄さん、川村兼一さんが訴えています。そして、結城幸司さんが、秋辺日出男さんが、門脇こずえさんが、竹内美由起さんが、独自の方法で発信しています。

この自然と共生しながら創りあげていった文化を、そしてその主体となった人たちの歴史を、どのように次世代を担う子どもたちに伝えていくか。これは大人世代の国民が考えていかなければなりません。

加害の側の人間が「そこのけ、オレ様が通る」と威張り散らす。世の中によくあることです。しかも、その加害者が圧倒的多数を占めていますから、数に物を言わせて、少数者にさまざまな圧力を加えます。北海道に先住していたのはアイヌ民族なのに、後から侵入した和人がアイヌの人たちを差別し、同化しろと言います。門脇こずえさん、竹内美由起さんが現代も残る差別体験を訴えています。

実は北海道の教職員の大部分は、アイヌ民族に対する差別を見たこともないと言っています。このギャップは何なのか、私たちは考えなければなりません。ここでは日本の国がどういう経過で北海道に侵攻したのか、そして移住してきた和人がどのように差別したのかに目を向けなければなりません。

ところで、1869年、アイヌの大地だった北海道を日本の一部にし、植民地にしました。それ以来、ほぼ150年。これを大々的に「祝おう」とする歴史「修正」主義者が後を絶ちませんが、そのほぼ150年はアイヌの大地を奪い、狩猟採集の生業も、アイヌ文化もアイヌ語も奪い、差別し続け、ひたすら同化を求めた歴史でした。

ところが、そういう中でも、アイヌの人たちの中には独自の文化を守り、受け継ぎ、発展させてきた人々がいました。そして1980年代になって、やっと先住民族がこれらの文化を大切にするのが当たり前の時代になりました。さらには世界的には、国が奪った土地・資源・領域に対して復活させたり、補償する権利のあることが確認されました。そして、そのことを確認した先住民族の権利に関する国連宣言は、日本政府も批准しました（2007年）。しかし、現在、「アイヌ学」者を主要な委員にする政府のアイヌ政策は、アイヌ文化に限った政策にしようと画策しています。

従って、アイヌ民族の先住権は道半ばどころか、緒《しょ》に就《つ》いたばかりですが、それでも、そこに至る道のりがどれほど国民に知られているでしょうか。

１９７０年代に闘った結城幸司さんの父・結城庄司さん、平取ダム建設に対し先住権を訴えた貝澤耕一さん、国連に何度も足を運んだ阿部ユポさんらが先住権を求める闘いを紹介しています。

アイヌ民族であるが故に個人が理不尽に受けた差別、民族全体が日本の国家に奪われた権利、こうしたことを学校教育で教えていかなければなりません。アメリカの軍事基地に多大なお金を払い、大企業に、大富豪に収奪されていることに目を背け、「なぜ、アイヌ民族だけがお金をもらう」などと、少数者を叩くことで溜飲を下げる、知性の欠片もない理屈が罷《まか》り通る時代だからこそ、アイヌ民族の人権について、考えさせていかなければなりません。

（平山裕人）

※２０１８年7月17日を「北海道命名一五〇年」と大々的に祝うことになったが、１８６９年を起点とすると、どう計算しても一四九年である。１８６８年を起点にした「明治一五〇年」に強引に合わせ、「開拓（アイヌ民族から見たら植民地化）を祝う会」にされかねないこと、申し訳程度に「アイヌ文化のみを披露」しておしまいとされかねないことを懸念する。

二　アイヌ民族学習の歴史

1　アイヌ民族の学習の始まり

アイヌ民族の学習の出現は、１９５０～60年代に始まります。

戦後、日本は多くの植民地を失い、日本国は和人だけの単一民族社会であるという幻想が信じられてきました。ところが、実際には北海道を中心に、アイヌ民族がいます。アイヌ民族の子どもたちは、教室の差別の中で、辛い思いをしてきました。そこで、当時の教員たちの中には、この差別をどうなくしていくのか悩み、取り組みを始めていった人たちがありました。

アイヌ民族をなくして和人に「同化」してしまえばいいという風潮の時代、アイヌの差別は「被差別部落の人たち」への差別に連なり、歴史的には「朝鮮民族に対する植民地略奪政策」と同じではないかという指摘もされました。しかし、そうした目は、人権教育を理解している、ごく一部の教員の見方に過ぎませんでした。

１９６８年は「北海道百年」に当たるとして、記念式典が行われました。このとき、市民団体側も「庶民の百年を考える集会」を行うなどしましたが、「開拓」以前に先住者・アイヌがいたという認識は、行政はもとより市民側にもほとんどありませんでした。1969年の胆振の授業実践報告の中で、「アイヌが北海道『開拓』のために、大きな役割を果たした」という発言がありました。しかし、そこまでが当時の限界でした。

2 正しいアイヌ民族の学習とは何か

1960年代末から、アイヌ民族の差別は、就職・結婚・教育の場にあることが指摘されるようになりました。それはどういう方法で解消できるか。アイヌの文化・歴史を教えることで、差別がなくなるのではないか。校内研修でアイヌ民族の学習を取り上げ、さらに地域集会でもこの問題を取り上げた教員がいました。ところが、アイヌの人たちから「俺たちは今は差別を受けていないし、仕事もある。もしも差別があるというならば、俺たちでなく、和人を集めればいいんだ」と満身の怒りを込めての発言があり、「〜先生を異動させろ」「有力町議が議会で取り上げる」とまでこじれました。アイヌ民族の学習を取り上げることはタブーであり、「寝た子を起こすな」という雰囲気が起きていたのです。

ところが、そうは言っても、アイヌ民族の学習は必要だろうということで、1970年代には、アイヌ民族の学習が、胆振・日高からさらに十勝・釧路・旭川へと広がっていきました。一方でアイヌ民族への根強い差別があり、一方で「旭川・風雪の群像爆破事件」「北大文学部北方文化研究室アイヌ資料爆破事件」などが和人の新左翼の一部活動家によって引き起こされる中、アイヌ民族の学習を取り上げないではいられない状況が生まれました。差別をどうするのか、それは「アイヌ史を正しく教えること」でなくなっていくのではないかと。

1970年代半ば、民衆史掘り起こし運動が広がりました。北海道「開拓」を「善」としてきた流れに、そこにはアイヌ民族への侵略、「囚人」労働、タコ部屋労働があり、戦時中には「外国人強制労働があった」ことを聞き取り、土中に投げ捨てられたり人柱として埋められた白骨を発掘し、「開拓の負の部分」をあぶり出しました。

そういう中で、「アイヌ系日本人からアイヌへ」「酋長から首長へ」「乱から戦いへ」と用語が整理され、北海道内の一部地域の社会科副読本にはアイヌの歴史が記載されるようになったのです。こうなれば、アイヌ民族の学習は一部の教員の思いで行うのではなく、地域の教員全員が行うものになっていきました。

ところが、社会科副読本でアイヌの歴史を取り上げると同時に、「それらの歴史に間違いの記述があるのではないか」という指摘が起きてきました。そこで、北海道教育委員会（道教委）は『アイヌの歴史・文化に関する指導の手引き』（1984年）を出し、「こういう書き方では誤解を生みます」と指摘しました。しかし、その道教委の報告書自体が間違いだらけでした。当時、アイヌ史の専門家はおらず、またアイヌ民族の学習もどう進めていってよいのかわからず、何も指針がないまま、ともかくアイヌ民族の学習が行われていったのです。

3 先住民族としての歩み

1980年代からは、先住権の考え方が生まれてきました。アイヌ民族はそれまで在日コリアンなどと同じように少数民族であるとされてきましたが、先に住んでいたのに近代になって日本という国家が侵入してきた先住民族だと主張するようになったのです。しかし、日本の国はアイヌ民族をなかなか先住民族と認めることはせず、1997年にやっとアイヌ文化振興法のみが通りました。

萱野茂さんと貝澤正さん（後に貝澤耕一さん）が平取の二風谷ダム建設に対し、「アイヌ民族の聖地に当たる」と裁判を起こしました。この裁判は1997年に札幌地方裁判所によって「アイヌ民族は先住民族」と認められ、国は控訴しなかったので、その判決が確定しました。しかし、国はこの判決にだんまりを決め込み、アイヌ民族を先住民族と認める気はありませんでした。2008年には、「アイヌ民族を先住民族とすることを求める決議」が衆参両院で満場一致で採択され、町村内閣官房長官も「アイヌ民族を先住民族」としました。国の三権がやっと「アイヌ民族は先住民族」としたのです。

そういう中、アイヌ民族の学習はどう進展していったのでしょうか。

教育の現場の方からは、日高の平取地方で、アイヌ文化学習の実践を、小学校1年生から中学校3年生まで行うという取り組みが進められました。そこでは、社会科だけではなく、図工や家庭科での実践も取り組まれました。

また、千歳の末広小学校でも、アイヌ文化の学習に学校全体で取り組んでいきました。

ただし、教育現場では「アイヌ文化からアイヌの歴史を」というところで、「二の足」を踏む場面もありました。と言うのは、「アイヌの歴史」学習には当然、「歴史認識」が土台にあり、そこにはアイヌモシㇼに侵攻し、植民地にした、国家の責任がからむからです。

その一方で、アイヌ民族の学習が北海道全域、さらには日本全域に広まる条件が整ってきました。

アイヌ文化振興法の実施に合わせ、アイヌ文化振興・研究推進機構（略称・アイヌ文化推進機構）が作られ、そこでアイヌ民族の学習の小学校・中学校版の副読本が作成されました（２００１年）。この副読本は北海道全域のすべての小学校・中学校に配布され、さらに全国の小学校・中学校にも配布されました。ところが、その内容が難し過ぎるとなって、ほとんど利用されない状況が続きました。今まで、アイヌ文化推進機構の副読本の編集委員は、アイヌ民族の代表とアイヌ学者だけでしたが、ここに小・中学校の教員も入り、新たな副読本作りを行いました。

しかし、新たな「アイヌ民族副読本」は、自民党の「歴史修正主義」議員によって、道議会や国会で不当にも攻撃材料にされました。アイヌ文化推進機構は編集委員会を開かないまま、指摘された文を「修整」し、新たな編集委員のもと、新たな副読本を作成しようとしました（２０１２年）。その状況に合わせ、北大のアイヌ・先住民研究センターも完成しつつあった高校用副読本を公開することなく、「査読」資料のまま封印しました。「ウタリ対策のあり方に関する有識者懇談会」（1995年）にはアイヌ文化推進機構の理事長の中村睦男氏が、「アイヌ政策のあり方に関する有識者懇談会」（2008年）には北大アイヌ・先住民研究センター長の常本照樹氏、国立民族学博物館の佐々木利和氏が委員となっています。政府のアイヌ政策に関わるアイヌ「学者」が歴史「修正」主義者と同一歩調を取ったことに、現在のアイヌ政策の限界、問題を見ます。

また、北海道教育大学旭川校の学生たちが、アイヌ語学習に着手し、アイヌ語辞典を作成し、また、小学校・中学校版のアイヌ語学習のテキストを作成しました。しかし、ゼミを指導した3人の大学教員は、一部の学生の意見を利用され、「アカハラ」として「諭旨解雇」処分にされました。3人の大学教員は裁判に訴え、最高裁判決でその訴えは認められ、「解雇」は取り消しになったのですが、北海道教育大学は未だに職場復帰させていません。

4　アイヌ民族の学習の現状と課題

現代の「アイヌ民族の学習」の状況と、課題を説明しましょう。アイヌ民族の学習の土台には、アイヌ民族の人権がなければなりません。人権とは、アイヌ民族の学習の「そもそも」論として、差別を解消しようということがありましたが、それとともにアイヌ民族の先住権も頭に入れておかなければなりません。それを直接子どもに説明するかどうかは、子どもの発達段階によりますが、教える側は「人権教育が根底にある」ことを理解した上での学習となります。

先住権を取り扱う場合、もっとも有効な学習として、「アイヌ語地名の学習」があります。北海道の大部分の地名、サハリン南部・全千島列島・東北地方北部にもアイヌ語地名が多数あります。それは何よりも、アイヌ民族が先住していた証と言えるのです。

また、アイヌ民族の学習の入り口はどこから入るといいのかですが、経験上「アイヌ語地名」や「文化」からが入りやすいようです。

アイヌの民話の絵本を読み聞かせしたり、アイヌ文様の切り絵を作ったり等々、アイヌ文化学習は小学校低学年から大人まで実に幅広いです。さらにアイヌ語の歌を音楽で取り上げ、アイヌ文様を縫ったり、アイヌ料理を作るのは家庭科で、踊りは体育でと、まだまだ発展し、新たな教材を作ることができます。ここで大切なことは、アイヌ文化の学習には「形」だけを教えるのではなく、根底にあるアイヌの自然観・価値観を理解させるということです。日本は単一の文化ではなく、さまざまな文化で成り立っていることも理解させることができます。

さらに「文化」から入ってそこで終わるのではなく、アイヌ民族の「歴史」につなげていくことは重要です。日本という国は、ヤマト王権以来の和人の歴史、琉球王国など沖縄の歴史、そしてアイヌの歴史の、三つの歴史から成り立っています。ところが、今は人口の大多数である和人の歴史で、99パーセントを占めるように教えられています。

「歴史」学習を教える場合、「アイヌ民族はいない」という「歴史修正主義」者からの攻撃もありますが、これは問題外でしょう。それよりも、政府の「有識者」懇談会の示した、北海道「開拓」によって「アイヌの文化に深刻な打撃を与えた」という認識に留め、アイヌ民族の先住権の拡大に発展しない捉え方が政府の考え方でもあり、教科書もそれに基づいて作られていることに問題があります。「有識者」懇の歴史認識は政府の意向を嗅ぎ取ることに細心の注意を払い、世界の先住民族の歴史と対比して、何を教えるべきかという視点に立っていないのです。

歴史学習には、①事件当時のさまざまな立場の人々からの視点、②事件当時の歴史的限界、③結果がわかっている現代から見た視点が必要です。③については、2007年の「先住民族の権利に関する国連宣言」が指標となります。これとても先住民族の訴えそのものではなく、先住民族と国々が議論を交わし、現時点で「ここまでは確認できる」として、宣言したものですが。そして③と比較してみると、日本のアイヌ政策がいかに欺瞞に満ちたものか、明々白々になります。実際、先住民族政策は「自分たちの政策は自分たちで決める」（民族自決）ことが当然なのに、日本のアイヌ政策は、御用学者が主たるメンバーで、アイヌの委員は少数である。

学校教育の中で、「アイヌ語」学習はほとんど行われていません。日本語の教育が行き届き、同化政策が「進んだ」結果、アイヌ語は今や消滅しようとしています。「言葉こそ民族教育の要」であり、また日本には日本語以外の言語があることは和人にとっても理解すべきことですが、小・中学校の教員はアイヌ語がわからず、アイヌ語学者は子どもたちの実態がわからないということで、なかなか進展がありません。現在、英語教育の拡大（小学校の「外国語活動」）と、国家主義的・復古的な教育（「道徳」の教科化）が大々的に復活する中、アイヌ語の存在はかき消されようとしています。

こういう状況で、今、教育現場でどういう教育が進められているのか、何が大切にされているのか、いくつか紹介します。

（平山裕人）

三 アイヌ民族に関する学習の実際

1 アイヌ学習の第一歩～アイヌ語地名を調べよう～

「アイヌ民族の学習をしてみたいけれど、アイヌ文化に接する機会も、近くに適当な施設もないから……」と、あきらめている人はいませんか？ そんな時は、北海道地図を開いてみてください。

ご存知のように、北海道には難読の漢字地名や意味のよくわからないカタカナの河川名や山岳名がゴロゴロしています。これらは北海道の先住民族であるアイヌの人たちが、自分たちの言葉であるアイヌ語で特定の場所を呼んでいたものが記録され、今の地名に引き継がれていることを示しています。

現在、北海道には179の市町村がありますが、その中からアイヌ語に由来する市町村名を探してみましょう。

まずは、アイヌ語「ペッ」の付く市町村です。これには「別」という漢字が当てられていることが多いので手掛かりにしてください。すると、温泉で有名な「登別《のぼりべつ》」をはじめ、「愛別《あいべつ》」、「芦《あし》別《べつ》」、「遠別《えんべつ》」、「喜茂別《きもべつ》」、「更別《さらべつ》」、「士別《しべつ》」、「初山別《しょさんべつ》」、「秩父別《ちっぷべつ》」、「津別《つべつ》」、「当別《とうべつ》」、「中頓別《なかとんべつ》」、「浜頓別《はまとんべつ》」、「別海《べつかい》」、「本別《ほんべつ》」、「幕別《まくべつ》」、「紋別《もんべつ》」、「湧別《ゆうべつ》」、「陸別《りくべつ》」などなど、たくさんの「ペッ」地名が見つかります。「標津《しべつ》」、「標茶《しべちゃ》」、「壮瞥《そうべつ》」なども「ペッ」地名です。

次に、アイヌ語「ナイ」の付く市町村も探してみましょう。これには「内」の字が当てられていることが多く、日本最北端の町「稚内《わっかない》」をはじめ、「岩内《いわない》」、「歌志内《うたしない》」、「神恵内《かもえない》」、「木古内《きこない》」、「黒松内《くろまつない》」、「中札内《なかさつない》」、「幌加内《ほろかない》」などを見つけることができます。「瀬棚《せたな》」、「奈井江《ないえ》」、「七飯《ななえ》」、「名寄《なよろ》」なども「ナイ」地名です。「小樽《おたる》」も、元は「小樽内《おたるない》」という「ナイ」地名でした。

「ペッ」も「ナイ」も「川」や「沢」（地域によって違いますが、一般的に「ペッ」は「大きな川」、「ナイ」は「小さな川（沢）」）を表すアイヌ語です。アイヌ語地名研究家の山田秀三によると、明治時代に北海道庁の命を受けて全道の地名を調査した永田方正の『北海道蝦夷語地名解』をもとに調べたところ、全道6000あまりの地名の中で、「ナイ」の付く地名が約1400、「ペッ」の付く地名が600ほどあったといいます。つまり全体の3分の1にあたる地名に「川」を意味するアイヌ語が使われていることになります。このことはアイヌにとっていかに川が重要であったかを示しています。生活用水の確保は勿論、サケ・マスなどの主要な食料の確保、そして交通路として、川はなくてはならない大切なものでした。ですから「コタン（村）」も川を中心にして作られ、それだけ地名にも多く使われたというわけです。

このほかにも、北海道第一の都市「札幌《さっぽろ》」をはじめ、「浦幌《うらほろ》」、「羽幌《はぼろ》」、「美幌《びほろ》」、「幌加内《ほろかない》」、

「幌延《ほろのべ》」などに付いている「ホロ」は「大きい」という意味のアイヌ語「ポロ」に由来していますし、「安平《あびら》」、「小平《おびら》」、「平取《びらとり》」、「古平《ふるびら》」などの「ビラ」は「崖」を表すアイヌ語です。さらに、「妹背牛《もせうし》」、「浦臼《うらうす》」、「羅臼《らうす》」などの「うし・うす」は、「たくさんある」という意味のアイヌ語「ウシ」で、「江差《えさし》」や「枝幸《えさし》」、「蘭越《らんこし》」なども「ウシ」地名です。北海道の離島である「奥尻《おくしり》島」、「焼尻《やぎしり》島」、「利尻《りしり》島」などに付いている「シリ」は文字通り「島」を表すアイヌ語で、「礼文《れぶん》島」も元は「レプン・シリ」と呼ばれていました。また、「当麻《とうま》」、「洞爺《とうや》」、「苫小牧《とまこまい》」などには、「沼」や「湖」を表すアイヌ語の「ト（トー）」が使われています。

　こうして調べていくと、北海道179市町村名の約8割はアイヌ語に由来していることがわかります。市町村名がアイヌ語に由来しない場合でも、地域の呼び名や河川名、山岳名にまで広げて調べてみれば、必ずアイヌ語地名に出会えるはずです。

　アイヌの地名の付け方は、その土地その土地の地形や自然環境などの特徴、自分たちの生活との関わりなどに基づいたものでした。ですから、同じような特徴を持った場所には、同じような地名が付けられ、北海道各地で見ることができます。

　例えば、小樽市内の町名「張碓《はりうす》」は、アイヌ語「ハル・ウシ・イ（食料・たくさんある・所）」を由来としていますが、旭川市にも「春志内《はるしない》」という場所があり、どちらもアイヌの人たちの主要な食料の一つであったオオウバユリやギョウジャニンニクなどが群生しています。また、小樽市銭函にある地域名「歌棄《うたすつ》」は、アイヌ語「オタ・スッ（砂浜・端っこ）」が由来で、砂浜が石浜に変わる地点として江戸時代から多くの旅人に記録されてきましたが、寿都町にも「歌棄《うたすつ》」と呼ばれる地域があり、やはり同じような特徴を持った場所になっています。さらに、旭川には「神《かむ》居古潭《いこたん》」と呼ばれる景勝地がありますが、小樽にも「神威《かむい》古潭《こたん》」と呼ばれる場所があります。アイヌ語「カムイ・コタン（神・村）」がそのまま地名になったものですが、ここでいう「カムイ（神）」は「魔神」という意味でもあり、どちらの場所も人間が容易に近づいたり通ったりすることのできない峻険な場所になっています。

　このように、「アイヌ語地名」を調べていくと、その土地その土地の特徴がわかるだけではなく、そこに暮らしたアイヌの人たちの生活や文化、考え方などに触れることができるのです。

　アイヌやアイヌ文化を身近に感じることの少ない地域においては、こうして北海道地図の中からアイヌ語地名を見つけ、その意味を考えていくという活動から、「アイヌ学習」の第一歩を踏み出してみてはいかがでしょうか。

　ただし、アイヌ語地名と言っても、アイヌ語の呼び方がそのまま残ったものはあまりありません。と言うのも、アイヌは文字を必要としなかったため、今日にすることができるのは、和人がアイヌの人たちから聞き取った地名をカタカナやひらがなに置き換えて記録したものを元に、それらに音のよく似た漢字を当てはめたり、アイヌ語の意味を日本語に訳したりしてできたものだからです。中には、聞き間違いや書き間違いがそのまま地名になってしまったり、後になってアイヌ語の意味に関係なく漢字2文字にまとめられてしまったりと、元々の意味やアイヌ語の形が失われてしまった地名なども少なくありません。ですから、アイヌ語地名をより詳しく調べようと思ったら、アイヌ語の意味やその土地の様子、過去の記録、これまでの研究などを踏まえながら慎重に見ていくことが必要になります。

アイヌ語地名は、この土地にアイヌ民族が先住していたことを示す確かな証拠です。それとともに、この土地がどのような歴史をたどってきたかも示してくれる北海道の歴史遺産でもあるのです。

（星野泰司）

2　アイヌ文化を学ぶ視点

(1) アイヌ文様が導く世界

アイヌ文化を学ぶ導入の教材として、アイヌ文様の切り絵づくりがあります。簡単に取り組める上に、その文様との出合いが子どもたちのアイヌ文化学習への意欲を高める魅力ある教材です。私が行った授業でも、「アイヌ文様」を切り取り開いた子どもたちは一様にそのデザインに歓声をあげ喜びを表現していました。それはとりもなおさ

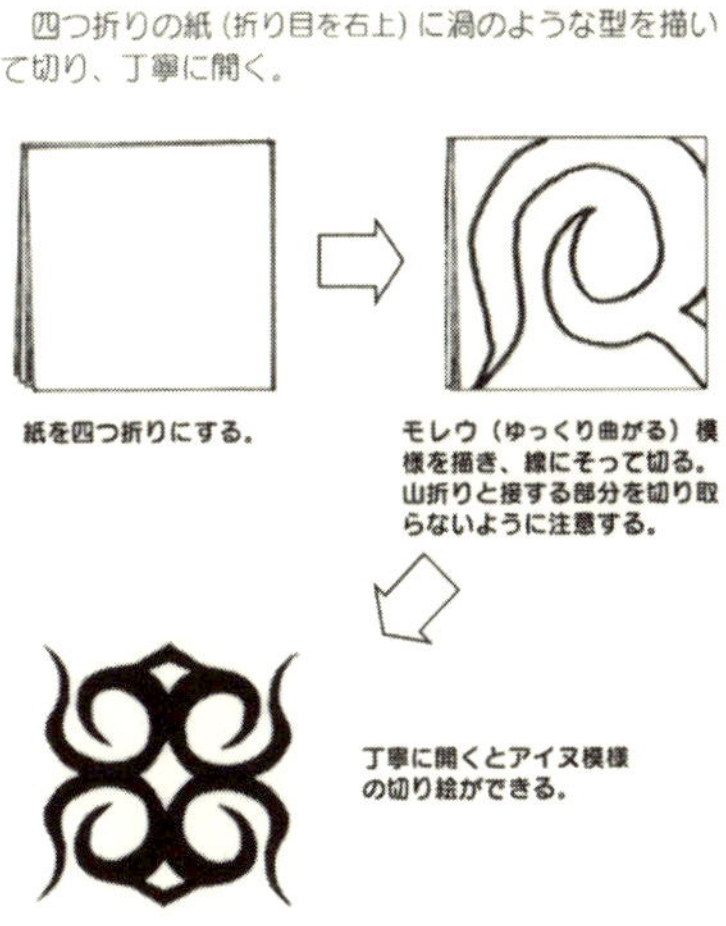
四つ折りの紙（折り目を右上）に渦のような型を描いて切り、丁寧に開く。
紙を四つ折りにする。
モレウ（ゆっくり曲がる）模様を描き、線にそって切る。山折りと接する部分を切り取らないように注意する。
丁寧に開くとアイヌ模様の切り絵ができる。

アイヌ文様切り絵の作り方

ず、アイヌ文化の質に子どもたちが触れた瞬間だったと言えます。異文化との出合いが肯定的であるか否かは、以降の子どもたちの異文化理解への分岐にもなることを考えれば、わずか1時間の授業でもその一歩は、決して小さいものではないと思えるのです。

(2) アイヌ文化から学ぶこと

アイヌ文様の曲線から「自然の風」や「雲」を感じ取っている子どもたちがいました。アイヌ文様が自然の形を基にしていることを直感的に受けとめたのだと思います。

チェプケリ(サケ皮の靴)に触れた子どもは、「そのくつはかたくて、ざらざらしていました。くつのうらには、サケのひれをストッパーにしていました。私はそれを見て、アイヌの人は凄いなあと思いました」という感想を語っていました。「ホッチャレ」(産卵前後のサケの別称)のサケ皮素材の意外性だけではなく、構造の工夫にも子どもは気づき、驚くのです。

アイヌ民族にとって、川の始まりは山ではなく、「河口」であることに、カムイチェプ(神の魚/サケ)の遡上との関係を見て取ります。

木は、地面から生えているると考えるのではなく、土を包んで

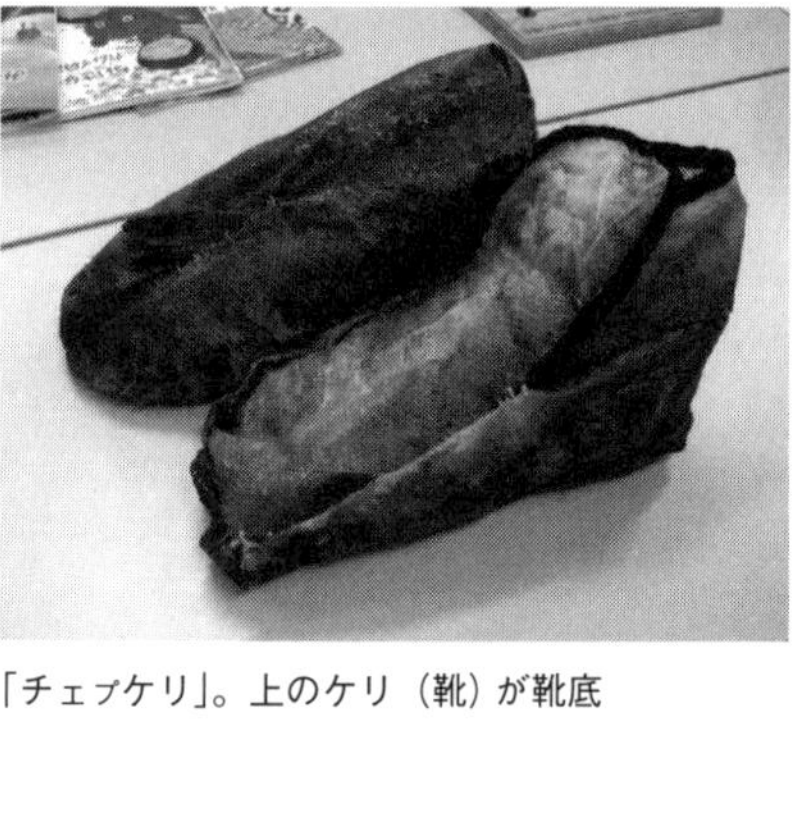
「チェプケリ」。上のケリ(靴)が靴底

立っているという考えに触れることで自然と共生するアイヌ民族の考え方に納得していきます。

これらは、初めて触れる異文化の輝きだといえるのではないでしょうか。異文化の輝きにその文化を育んできた民族の存在を肯定的に受け入れ、文化は優劣ではなく、共生の対象であることに子どもたちは気づいていくはずです。

現在のアイヌ民族は、かな文字やローマ字でアイヌ語表記を行っていますが、和人が「アイヌモシㇼ」に侵略するまで、アイヌ民族は文字を必要としない生活をし、豊かな口承文化を築いていたのです。アイヌ語は地方によって言葉が異なります。これは「共通語」を必要とする強大な中央権力が存在しなかったためであり、文字や共通語という支配の仕組みが不要だったといえるからだろうと思います。日本社会でも、民衆が文字を獲得していったのは、明治維新以降の天皇制国家が形成されていく過程と重なっていることを考えれば納得のいくことだと思います。「アイヌ民族は文字を持たない民族」というレッテルも歴史の事実を紐解けばそれがいかに差別的で偏見に満ちたものであるかが明らかでしょう。アイヌ文化を学ぶ大事な視点のひとつです。

(3) アイヌ文化を体系的に学ぶために

広範にわたるアイヌ文化を限られた授業時間で学ぶには、公益財団法人アイヌ文化振興・研究推進機構が発行する副読本（『アイヌ民族：歴史と現在』）が参考になります。そこではアイヌ文化を次のような構成でとらえています。

①アイヌ語の地名　②衣服　③食べもの　④住まい　⑤信仰　⑥歌と踊り　⑦楽器　⑧文芸

この副読本をより効果的に活用できるように教師用指導書も発行されています。ぜひ利用してほしいところです。

(4) トータルな文化学習としてのアイヌ民話劇づくり

文化は人々の生活の在り様そのものであることを考えれば、その一面を細切れに学ぶより、トータルな形で主体的に学習していく場が求められます。その一つにアイヌ民話劇への取り組みがあります。

２０１３年に当時小学校2年生だった子どもたちとアイヌ民話劇「パナンペと銀の小犬」（知里真志保編訳『アイヌ民譚集』収録の「パナンペ銀の小犬を授かる」を札幌の小学校教員だった若月美緒子さんが脚本化したもの）に取り組みましたが、オリエンテーションで作ったアイヌ文様の切り絵を衣装作りに生かしたり、歌や踊りをアイヌ文化振興・研究推進機構が無償で派遣するアドバイザー事業を利用してアイヌ民族の方たちから直接学んだり、劇中に登場する住居や食べ物を子ども

本別中央小学校２年生による劇「パナンペと銀の小犬」（2013年10月20日）

たちと一緒に考えたり、台詞にアイヌ語を取り入れたりして劇づくりを進めました。子どもたちの学年がもう少し上だったら、ムックリを手作りして演技に使うことも可能だったでしょう。

劇づくりの過程では、「親戚にアイヌ民族の人がいるんだよ」と友だちに自慢げに教えている子どもがいました。それを聞いた子どもたちからは「いいなあ」「アイヌ民族って格好いいよね」という声が上がりました。劇を参観した保護者からは、「とてもお話もわかりやすく楽しかったです。家でも毎日アイヌの歌を口ずさんでいました。子どももこの劇をとても楽しんだようです。また、アイヌ文化にも触れられよい体験でした」という感想がたくさん寄せられています。

アイヌ文化を学ぶことは、単に文化を学ぶことに留まらない広がりを持つのです。（吉田淳一）

〈参考文献〉

・小川早苗監修『アイヌ民族もんよう』（エテケ カンパの会）

3　アイヌの歴史の学習

アイヌ民族は、かつて北海道・サハリン南部・千島列島に、さらに遠い昔には東北地方北部やカムチャツカ半島南部に住んでいた、先住民族です。

それでは、なぜこれらの地域は現在、日本とロシアの領土になっているのか、特に日本国民として、北海道になぜ和人が住み着くようになったかを知ることは、歴史認識を育てる上で重要です。そのためには、アイヌ史の通史を知らなければなりませんが、その中でも重要な史実というものがあります。

それは、前近代最大の戦いのシャクシャインの戦いと、近代の「開拓」によって、アイヌモシㇼが奪われた歴史を扱うことです。特に後者に関しては、北海道「開拓」とはアイヌ民族にとってどういうものだったか、当時のアイヌの人たちにとって、それから現代の日本国民としてどう考えるべきかという視点を持って考えさせたいです。

⑴ シャクシャインの戦い

16世紀末、日本は織田・豊臣政権によって統一され、17世紀初頭には江戸幕府が開府しました。そのエネルギーは朝鮮侵攻、琉球王国侵攻と向かい、アイヌモシㇼには和人の砂金掘り、鷹師などが入ってきました。また、北海道の松前半島にあった松前藩は有力家臣にアイヌの集落に行き交易する権利を与え、これが彼らの知行になりました。

和人の移民者がアイヌモシㇼを往来したり、交易するようになると、アイヌの人たちと摩擦が生じるようになりました。特に交易が和人側に一方的に有利になり、アイヌの生活を圧迫したため、１６６９年、シブチャリ（新ひだか町静内）の首長・シャクシャインが北海道全域に決起を呼びかけ、１６７２年に至る足掛け３年に及ぶ大戦争になったのです。

この戦いのすべてを授業で扱うことは難しいですが、経過説明としては、

①アイヌモシㇼに松前藩の藩士が交易に入ってきました。その交易で、米2斗（約30キログラム）に対しサケ100匹で交換していたのに、米7・8升（約10キログラム）で100匹に変えられました。他にも和人の砂金掘りや鷹師がアイヌモシㇼを往来するようになりました。
②シャクシャインからの呼びかけで、アイヌモシㇼ各地域のアイヌが一斉に決起しました。
③さらに、シャクシャインの指令で、シブチャリ（静内）のアイヌ勢が松前に向けて遠征軍を送り、クンヌイ（長万部町）周辺で戦いになりました。しかし、松前勢の火縄銃、アイヌ勢の毒矢という兵器の違いで、アイヌ勢が敗れました。
④松前勢はシャクシャインのチャシ（砦）の近くのヒボク（新冠町）まで侵攻しました。ここで和睦を呼びかけ、その席でシャクシャインを騙し討ちにしました。

以上のことを取り上げれば、この戦いの大まかな流れを理解させることができます。

なお、この戦いの歴史的評価をどう考えるかです。従来はこの戦いによってアイヌ民族が敗北し、松前藩は圧迫をいっそう強化していったと捉えられてきました。しかし、この戦いの後のアイヌモシㇼを見ると、砂金掘りや鷹師はアイヌモシㇼ内に往来することがほとんどなくなり、またアイヌの望んでいた松前に出向いて交易することも可能になりました。こうなると、シャクシャインの戦いがアイヌの全面的敗北だと短絡的に捉えるのではなく、この戦いで、19世紀半ばまで、松前藩は1年の一定の時期しかアイヌモシㇼを交易往来（商場交易）できなくなったことを確認しておく必要があります。言わば、近代になって、日本帝国がアイヌモシㇼを日本の植民地にする前の状態の基本的な形をつくったのが、この戦いと言えます。

(2) 北海道の「開拓」とアイヌ民族

シャクシャインの戦いで、和人の交易者(後に漁場経営者になる)は、1年の一定時期しかアイヌモシㇼを往来できないようになりました。これが、1854年(旧暦)の日露通好条約で、日本・ロシアによるアイヌモシㇼ分割を決めたのです。さらに1869年には、北海道を日本の一部にしてしまい、和人が大挙、居住できるようになりました。いわゆる北海道「開拓」(植民地化)です。

日本政府がまず始めたのは、アイヌの人たちの文化を奪うことでした。男性の耳輪、女性の入れ墨はアイヌの伝統であったのですが、これらを禁止しました。さらにそれまで姓がなかったアイヌの人たちに、日本風の創氏を強制しました。そして、北海道外に住む者、北海道内に住む和人に、一人当たり10万坪(33万平方メートル)までの北海道の土地を与えると言い、北海道への移住を勧めました(小中学生に法律名まで教える必要はありませんが、「北海道土地売貸規則・地所規則」といいます)。この中には、アイヌの人たちは入っていなかったので、アイヌの住む場所が奪われていく原因になりました。

この事実の捉え方について、政府のアイヌ政策のあり方に関する「有識者」懇談会(2008年)は、あり得ない間違いを犯しています。アイヌの側に文字を理解する者がいなかったから、こういう規則の存在がわからなかったとし、土地を失った原因をアイヌ側に責任転嫁しているのです。事実は、アイヌの人たちに、これらの規則を伝えた形跡は全くなく、アイヌ民族を抜いた上で、土地を「与えた」ものです。従って、アイヌが文字を理解していたとか、していないという問題とは全く別次元の話なのです。

アイヌ民族の食糧としたものは、サケとシカが代表格です。しかし、サケを獲ることを禁止する地域があったり、シカを獲る人数を限定した上で免許が必要になり、アイヌの人たちの中には餓死する人もありました。

そういう中、北海道長官は「貧しい和人ではなく裕福な和人（資本）の移住を」という政策のもと、一気に北海道「開拓」を進めようとしました。そこで、一人当たり150万坪（495万平方メートル）までの土地を与えるという法律を作りました。そして、この中にも、アイヌの人たちは入っていなかったのです（これも法律名を教える必要はありませんが、「北海道国有未開地処分法」と言います）。

こうした和人による、使い勝手のよい土地の「開墾」を経て、アイヌの人たちの文化・生業・土地を奪い続けた結果、1899年になって、アイヌ一戸当たり1万5000坪（4万9500平方メートル）までの未開地を農地使用に限って「下付」するという法律ができました（「北海道旧土人保護法」）。ただし、この法律は15年以内に「開墾」しなければ没収され、相続以外に土地を渡すことができないなどの、和人の土地政策に対して、明らかな民族「差別法」と言えます。（ちなみに、1905年のポーツマス条約によって南サハリンが日本領になりますが、樺太アイヌは旧土人保護法さえ対象外にされました）

要するに、近代北海道史とは、アイヌ民族から見たら、アイヌの文化、土地・資源・領域を奪い、その地域を日本の植民地にしていく歴史でもあり、アジア・太平洋戦争後、台湾・南サハリン、さらには朝鮮半島が本来の持ち主に返されたのに対し、アイヌ民族や琉球民族の居住圏が日本の一部とされていることを確認しておきたいです。

こうした流れを押さえることで、アイヌ民族にとって北海道「開拓」の150年とは何なのかを理解し、それが現代的にどういう意味があるか考えることができるのではないかと思います。少なくとも、政府のアイヌ政策のあり方に関する「有識者」懇談会の言うような「北海道開拓がアイヌの文化に深刻な打撃を与えた」レベルのものではなく、同懇談会の答申を受けた、「文化の復興だけすればいい」という日本政府の対応が先住権の立場から見たら、いかにか弱いものかを示すものでもあります。

（平山裕人）

4　アイヌ民族への差別について考える

●アイヌ民族に対するヘイトスピーチについて

近代になってからのアイヌ民族は、様々な生活様式、伝統文化、アイヌ語を失っていきましたが、誰によって奪われたのかということを問うことなく、「アイヌ民族は存在しない」等のヘイトスピーチが後を絶たないのが現状で、「共生社会」が叫ばれている今日でさえ繰り返されています。

1986年、当時の中曽根首相は「日本はこれだけ高学歴社会になって、相当知的な社会になってきている。……アメリカには黒人とか、プエルトリコとか、メキシカンとか、そういうのが相当おって、平均的に見たら非常にまだ低い」と発言し、人種差別発言として国際的な非難を受けたのですが、その釈明を国会で行い、今度は「日本は単一民族だから手が届きやすい」、さらに「日本国籍を持つ方々で差別を受けている少数民族はいない」と発言し、アイヌ民族の団体などから猛反発を受けたという出来事がありました。

また、記憶に新しいところでは、2014年8月、札幌市議の金子快之氏が、ツイッター上に「アイヌ民族なんて、いまはもういない」などと書き込み、大問題となりました。アイヌ民族をめぐっては、2007年の国連による「先住民族の権利宣言」を受けて、2008年に「アイヌ民族を先住民族とすることを求める」国会決議が全会一致でなされ、アイヌの人たちを先住民族と認め、「差別され、貧窮を余儀なくされた」として総合的な施策の確立が求められています。金子氏による書き込み記事に対して、北海道アイヌ協会の阿部ユポ副理事長は「いつアイヌがいなくなったのか教えてほしい。国も先住民族と認め、復権に向けて歩んでいるなかで、議員としてあまりにも不勉強で歴史を踏みにじる発言だ。国際的にも恥ずかしい」と強く反発しました。

金子市議の発言には、「アイヌ民族は存在するのか」、「アイヌ民族であるというだけで特別の恩恵を受けているのか」、という二つの論点が含まれていました。

「アイヌ民族の存在」については、先住民族として認定されただけでなく、現実にアイヌ民族が独自の文化を築き、そして長年にわたって、主に北海道で暮らしてきたことから考えても、否定できない事実です。金子市議の発言は、北海道開拓の中で和人が先住民族であるアイヌの人たちから土地や居住権を奪ってきたという歴史的事実を隠蔽するものです。

次に「特別の恩恵を受けているか」については、例えば、奨学金の給付などが「優遇」措置として指摘されていますが、明治政府によって生業を奪われたアイヌ民族の生活は、今日まで向上せず、生活保護受給率も同一地域で1・4倍（2013年北海道アイヌ生活実態調査より）という実態があり、差別政策による生活の貧困化、そして、その固定化された貧困からなかなか抜け出すことができないという現実があることから、アイヌ民族全体の生活環境の底上げを図るという目的から考えて、過去の歴史をふり返れば当然のことです。

その後、金子市議は2015年4月の札幌市議選に出馬するも落選しています。

こうした状況の中で、2016年5月24日、「本邦外出身者に対する不当な差別的言動の解消に向けた取組の推進に関する法律」（ヘイトスピーチ規制法、ヘイトスピーチ対策法）が成立、施行されました。この法律は、ヘイトスピーチ防止に向けた啓発・教育活動や、被害者向けの相談体制の拡充などが柱で、罰則規定は設けられていません。これに先立って、アイヌ民族の北川かおりさん（東京在住）がヘイトスピーチ対策法案をめぐる国会内での集会に参加し、アイヌ民族への差別的言動も規制対象に加えるよう訴えていました。北川さんは、金子市議（当時）による「アイヌ民族なんて、いまはもういない」という書き込みを機に、街頭デモやネット上でアイヌ民族に対するヘイトスピーチが広がっていると説明し、自身の弟が差別で婚約破棄に追い込まれたことを打ち明け、さらに「周りのアイヌ民族が何人もうつ病で倒れ、非常に深刻だ」と訴え、「与党案もアイヌに対するヘイトスピーチを禁じてほしい」と求めていました。こうしたアイヌ民族や野党の追及により、「『本邦外出身者に対する不当な差別的言動』以外のものであれば、……許されるとの理解は誤りである」という付帯決議がついたものの、「アイヌ民族」について条文化されることはなく、アイヌ民族に関わるヘイトスピーチ対策という視点からみれば、はなはだ不十分な内容であると言わざるを得ません。

●アイヌと和人の「差別」意識のずれ

ところで、２０１６年３月に内閣府が発表した「国民のアイヌに対する理解度についての意識調査」において『アイヌの人々に対する差別や偏見が現在あると思う』という認識について、和人とアイヌの人たちとの間に大きな意識の隔たりがあることが浮き彫りになりました。

この調査結果によると、国民全体を対象にした回答では、「差別や偏見はあると思う」と答えた人が17・9パーセントだったのに対し、アイヌの人の回答は、「あると思う」と答えた人が72・1パーセントにも上りました。

「差別や偏見があると思う」と回答したアイヌの人たちの51・4パーセントは、その理由について「家族・親族・友人・知人が差別を受けている」と答え、51・2パーセントが「アイヌが差別を受けているという具体的な話を聞いたことがある」と回答しています。さらに、「自身が差別を受けている」と答えたアイヌの人の回答では「結婚や交際のことで相手の親族にアイヌであることを理由に反対された」「職場でアイヌであることを理由に不愉快な思いをさせられた」などがありました。一方、国民全体の回答では、「報道などを通じてアイヌの人々が差別を受けているという話を聞いたことがある」「漠然と差別や偏見があるイメージがある」など間接的情報やイメージによるものが多いのです。

こうした差別や偏見の原因について、全国の人たちを対象にした調査では「アイヌの歴史に関する理解の不十分さ」（65パーセント）「アイヌ文化に対する理解の不十分さ」（64・1パーセント）「行政や学校教育でのアイヌの人々の理解を深める取り組みが不十分」（42・1パーセント）という意見が多く、学校教育において、アイヌ民族の歴史や文化に関わる教育がまだまだ不十分であることが、あらためて明らかになりました。

●「アイヌ民族の歴史・文化に関わる学習」のさらなる必要性

さて、こうしたアイヌ民族への「差別」に関わる教育は、北海道においても十分に行われているとは言い難いのが現状です。次に「アイヌ差別について考える」授業について提起してみたいと思います。授業は、アイヌの方に協力していただき、「インタビュー形式」で進めていくことを想定しています。

◆「アイヌ差別について考える」授業の流れ（インタビュー形式）

(1)子どもの頃に、差別やいじめを受けたことがありますか。また大人になってから感じた、差別や偏見はありますか？　働いていた職場とか、住んでいた地域などで……。

(2)２０１６年2月に内閣府が行った「国民のアイヌに対する理解度についての意識調査」では、「(差別が)ある」と答えたアイヌの方が約72パーセントだったのに対して、国民全体では、約18パーセントにとどまりました。この数字のズレは、どこに原因があると思われますか？

(3)２０１４年、ある市議会議員がツイッターで「アイヌ民族は、もういない」と述べ、大きな波紋を広げました。こうした発言、見解に対して、どのように思われますか？

(4)先ごろ、国会で「ヘイトスピーチ対策法」が成立、施行されました。川崎市では、ヘイトスピーチに反対する市民がヘイトデモを中止させるという出来事もありましたが、「ヘイトスピーチ対策法」に関わって、思うことはどんなことですか？

(5)アイヌ民族などに対する「差別」や「偏見」をなくすためには、どのようなことが必要だと思いますか？

こうした授業を通じて、アイヌ民族への差別があったことを知らなかった子どもたちは、率直に「差別の実態を知って、驚いた」「同じ人間なのに、アイヌというだけで差別され、かわいそう、悲しい」「もっとアイヌの人たちが住みやすい環境になればいい」「ヘイトスピーチは許されない」「差別や偏見が、なくなってほしい」などと考えるに違いありません。

「アイヌ民族に関わる学習」は、正しい歴史認識を育てる学習、そして、未だに根深い「差別」を根絶するための学習でもあります。子どもたちにアイヌ民族の歴史や文化について学習できる機会を保障し、指導者自ら正しい歴史認識や人権意識をもってアイヌ民族の歴史や文化について学習し、子どもの実態に応じて「やりやすい」分野から実践を重ねていけばよいと思います。身近な地域にアイヌの人たちがいて、「生の声」でアイヌ民族のものの考え方や見方などを教えていただくことができれば、アイヌ民族の自然観、生活観、そして倫理観など、より深く理解することができるに違いありません。「アイヌ民族への差別の根絶」をめざして、実践を積み重ねていきたいものです。

（長根和人）

〈参考文献〉

・榎森進『アイヌ民族の歴史』（草風館、２００７年）
・「２０１３年北海道アイヌ生活実態調査報告書」北海道環境生活部
・「２０１６年国民のアイヌに対する理解度についての意識調査報告書」内閣府

◆監修者および「《解説》アイヌ民族の学習の歴史と今」執筆担当

アイヌ民族に関する人権教育の会

平山裕人　一アイヌ民族自身が語る
　二アイヌ民族学習の歴史
　三3アイヌの歴史の学習
星野泰司　三1アイヌ学習の第一歩
吉田淳一　三2アイヌ文化を学ぶ視点
長根和人　三4アイヌ民族への差別について考える

◆協力

石黒文紀
伊藤記子
川澄宗之介
中辻稔
西村充
早矢仕浩司
緑川義昭

イランカラプテ
アイヌ民族を知っていますか？
——先住権・文化継承・差別の問題

2017年5月22日　初版第1刷発行
2018年2月10日　初版第2刷発行

著　者　秋辺日出男／阿部ユポ／貝澤耕一／門脇こずえ／川村兼一／竹内美由起／野本久栄／結城幸司
監修者　アイヌ民族に関する人権教育の会
発行者　大江道雅
発行所　株式会社 明石書店
〒101-0021東京都千代田区外神田6-9-5
電　話　03-5818-1171
FAX　03-5818-1174
振　替　00100-7-24505
http://www.akashi.co.jp
装丁　明石書店デザイン室
印刷・製本　モリモト印刷株式会社

（定価はカバーに表示してあります）　ISBN978-4-7503-4519-2